ORDONNANCE DU ROI,

POUR RÉGLER

L'EXERCICE

DE SES TROUPES

D'INFANTERIE.

Du 1.er Juin 1776.

A PARIS,

DE L'IMPRIMERIE ROYALE.

M DCCLXXVI.

TABLE
DES
TITRES ET ARTICLES
Contenus dans cette Ordonnance.

TITRE XIII. *Principes généraux des mouvemens des lignes pour changer leur position.*

TITRE XIV. *Des feux.*

Fin de la Table.

ORDONNANCE

ORDONNANCE DU ROI,

Pour régler l'EXERCICE de ses Troupes d'Infanterie.

Du 1.er Juin 1776.

DE PAR LE ROI.

SA MAJESTÉ ayant réglé, par deux Instructions provisoires, la première du 11 juin 1774, & la seconde du 30 mai 1775, les différentes manœuvres sur lesquelles ses Troupes d'Infanterie devoient être exercées, & ayant jugé que la présente Ordonnance ne devoit comprendre que ce qui doit se faire & s'exécuter à la guerre ; Voulant aussi

Sa Majesté, retrancher tout ce qui est de parade ou de détails peu essentiels, Elle a ordonné & ordonne ce qui suit :

TITRE PREMIER.

De l'Armement & de l'Équipement.

TOUTES les parties de l'armement & de l'équipement des Officiers, bas Officiers, Grenadiers, Chasseurs, Soldats & Tambours, seront uniformes & conformes aux modèles qui seront envoyés.

Les Colonels-commandans, les Colonels en second, les Lieutenans-colonels & les Majors, auront pour toutes armes des épées, qu'ils mettront à la main toutes les fois qu'ils seront sous les armes.

Tous les Officiers de Grenadiers, de Chasseurs & de Fusiliers, seront armés de fusils uniformes avec leur baïonnette, d'épées & de gibernes.

Tous les Officiers, depuis le Brigadier jusqu'au Porte-drapeau inclusivement, porteront des hausse-cols.

L'Adjudant n'ayant de place dans l'ordre de bataille, qu'auprès du Colonel-commandant ou du Commandant du régiment, pour porter ses ordres, ne mettra l'épée à la main qu'à la guerre, & seulement dans le cas de nécessité, pour sa défense personnelle. Il portera une canne.

Tous les bas Officiers des compagnies de Grenadiers, Chasseurs & Fusiliers, les Grenadiers, les Chasseurs, seront armés de fusils, avec leur baïonnette, d'un sabre & d'une giberne.

Les Fusiliers seront armés d'un fusil, d'une baïonnette & d'une giberne.

Tous les Tambours seront armés d'un sabre semblable à celui des Grenadiers.

Les épées, les fabres & les baïonnettes feront portés par des ceinturons conformes aux modèles qui feront envoyés, & de la manière réglée par l'Ordonnance de l'Habillement & Équipement.

TITRE II.

ARTICLE PREMIER.

Objets fur lefquels les Officiers & les bas Officiers doivent être inftruits.

LE Colonel-commandant de chaque régiment, ou le Commandant du régiment en fon abfence, fera refponfable de l'inftruction générale des Officiers, bas Officiers, Grenadiers, Chaffeurs, Soldats & Tambours.

Il exercera ou fera exercer les Officiers par un Officier fupérieur, toutes les fois qu'il le jugera à propos.

Le Colonel en fecond, le Lieutenant - colonel & le Major, feront chargés fous fes ordres, de l'inftruction générale du régiment; il les emploiera par-tout où leur préfence pourra être utile au bien du fervice, & il emploiera particulièrement le Colonel en fecond & le Lieutenant-colonel à l'inftruction & au commandement de leur bataillon, dont ils font fpécialement chargés.

Tous les Officiers & bas Officiers de chaque régiment, feront tenus de favoir & d'exécuter avec précifion, tout ce qui a rapport au maniement des armes, à la marche & à fes différens pas, aux évolutions & aux différens feux, pour être en état d'inftruire & d'exercer leur troupe dans tous les cas.

Ils doivent être également inftruits fur tous les objets relatifs au fervice, à la tenue & à la difcipline.

A R T I C L E 2.

Maniement du fusil pour les Officiers & bas Officiers de Grenadiers, de Chasseurs & de Fusiliers.

Les Officiers & bas Officiers de Grenadiers , de Chasseurs & de Fusiliers , auront toujours, ainsi que la troupe, la baïonnette au bout du fusil.

Port de l'Arme.

L'arme dans le bras droit & au défaut de l'épaule, le canon en arrière & à-plomb, la baguette en dehors, le bras alongé, la main droite embrassant le chien & la sougarde, la crosse à plat le long de la cuisse droite, la main gauche pendante derrière l'épée.

ÉNONCÉ DES COMMANDEMENS.	POUR EXÉCUTER.	POUR MONTRER.	EXPLICATION DES MOUVEMENS.
	Temps.	*Mouvemens.*	
Reposez-vous = sur vos armes.	I.	2.	*Premier mouvement.*
			PORTER brusquement la main gauche à la capucine du milieu, détachant un peu l'arme de l'épaule, avec la main droite ; lâcher en même temps la main droite ; descendre l'arme de la main gauche ; la resaisir avec la droite, au-dessus de la première capucine d'en bas, le pouce droit sur le canon pour l'empoigner, les quatre doigts alongés sur le bois, l'arme d'aplomb, la crosse à trois pouces de terre, le talon de la crosse dirigé sur le côté de la pointe du pied droit, & laisser tomber la main gauche derrière l'épée.
			Second mouvement.
			Laisser glisser l'arme dans la main droite, sans que la main droite bouge, pour que le talon

ÉNONCÉ es Commandemens.	Pour exécuter.	Pour montrer.	EXPLICATION des Mouvemens.
	Temps.	*Mouvemens.*	le talon de la croffe fe place contre & à côté de la pointe du pied droit.
Vos armes = à terre. *Relevez = vos armes.* *Portez = vos armes.*	1.	2	Comme il fera dit pour le Soldat, au Titre III, article 5, de l'*Infpection des armes.* *Premier mouvement.* Élever l'arme perpendiculairement avec la main droite, à hauteur du teton droit, vis-à-vis de l'épaule, à deux pouces du corps, le coude droit y reftant joint; faifir l'arme de la main gauche, au-deffous de la main droite, à la première capucine, & auffitôt defcendre la main droite pour empoigner la fougarde & le chien, en appuyant l'arme à l'épaule. *Second mouvement.* Laiffer tomber la main gauche pendante derrière l'épée, le bras droit alongé.
L'arme = au bras.	1.	3.	*Premier mouvement.* Porter l'arme en avant, avec la main droite entre les deux yeux & à plomb, la baguette en dehors, faififfant l'arme de la main gauche à la capucine, l'élevant à hauteur du menton, & l'empoignant en même temps avec la main droite à quatre pouces au-deffous de la platine. *Second mouvement.* Retourner l'arme avec la main droite, le canon en dehors, pour l'appuyer à l'épaule gauche, & paffer l'avant-bras gauche horizontalement fur la poitrine, la main fur le teton droit, entre la main droite & le chien, pour qu'il foit appuyé fur l'avant-bras gauche.

B

ÉNONCÉ DES COMMANDEMENS.	POUR EXÉCUTER.	POUR MONTRER.	EXPLICATION DES MOUVEMENS.
	Temps.	*Mouvemens.*	
II.			*Troisième mouvement.* Laisser tomber la main droite penda[nt] sur le côté.
Portez = vos armes.	1.	3.	*Premier mouvement.* Empoigner l'arme avec la main dr[oite] au-dessous & contre le bras gauche.
			Second mouvement. Porter l'arme avec la main droite p[er]pendiculairement contre l'épaule droi[te] la baguette en avant, la saisissant ave[c la] main gauche à hauteur de l'épaule dro[ite] la main droite, dont le bras sera alor[s] se tournera en même temps pour [em]poigner la sougarde & le chien.
			Troisième mouvement. Laisser tomber la main gauche pend[ante] derrière l'épée.

ARTICLE 3.

Maniement du fusil des Caporau[x.]

LES Caporaux porteront dans le [rang] l'arme comme le Soldat ; mais s'ils [doi]vent être en serre-file, ou représe[nter] des Sergens, ou marcher à la tête d['une] Troupe ou d'une pose de Sentinelle[s, ils] porteront le fusil dans le bras droit co[mme] les Officiers & les Sergens ; ils exécute[nt] ce changement en un temps.

| | 1. | 3. | Ce temps se montrera en trois [mou]vemens. |
| | | | *Premier mouvement.* Empoigner l'arme avec la main d[roite] en tournant la platine en dessus, co[mme] |

ÉNONCÉ DES COMMANDEMENS.	POUR EXÉCUTER.	POUR MONTRER.	EXPLICATION DES MOUVEMENS.
	Temps.	*Mouvemens.*	il est dit au *Titre III, article 4,* au premier mouvement du temps, *présentez vos armes.*

Second mouvement.

Porter l'arme perpendiculairement avec la main droite, contre l'épaule droite, la baguette en dehors, le bras droit alongé, la main droite empoignant le chien & la fougarde, la main gauche saisissant l'arme à hauteur de l'épaule.

Troisième mouvement.

Laisser tomber la main gauche pendante derrière le sabre.

Pour porter l'arme comme Soldat.

Ils l'exécuteront en un temps, qui se montrera en trois mouvemens.

Premier mouvement.

Détacher l'arme de l'épaule droite, la porter perpendiculairement entre les deux yeux, la main gauche la saisissant à hauteur de la cravate; la main droite quittant alors le chien & la fougarde pour prendre l'arme à la poignée, la fixant à hauteur du dernier bouton de la veste.

Second mouvement.

Élever l'arme de la main droite, le pouce alongé le long de la contre-platine; tourner le canon en dehors, placer l'arme contre l'épaule gauche, & descendre en même temps la main gauche sous la crosse.

Troisième mouvement.

Laisser tomber la main droite sur le côté.

Dans la colonne « Pour exécuter » figure le chiffre **1.** et dans la colonne « Pour montrer » le chiffre **3.**

ÉNONCÉ DES COMMANDEMENS.	POUR EXÉCUTER.	POUR MONTRER.	EXPLICATION DES MOUVEMENS.
I.	*Temps.*	*Mouvemens.*	**ARTICLE 4.** *Maniement du Drapeau.* LORSQUE les Porte-drapeaux sero[n] sous les armes en parade, & qu'ils devro[n] porter le drapeau, ils le porteront [en] appuyant le talon sur la hanche droite, tenant un peu de biais, la lance en avan[t] la main droite placée à un pied & de[mi] au-dessus de l'extrémité du talon, la ma[in] gauche pendante derrière l'épée.
Reposez-vous = sur vos armes.	I.	2.	*Premier mouvement.* Détacher le drapeau de la hanc[he] droite ; le porter perpendiculaireme[nt] devant soi ; le saisir de la main gauc[he] à un demi-pied au-dessus de la ma[in] droite ; lâcher en même temps le drape[au] de la main droite, pour l'abaisser de [la] gauche, & le porter à plomb à côté [de] la pointe du pied droit ; le saisir aussi[tôt] de la main droite à hauteur du teton, talon à trois pouces de terre, la ma[in] gauche tombant en même temps derri[ère] l'épée. *Second mouvement.* Laisser glisser le drapeau, le talo[n] côté de la pointe du pied droit, la m[ain] droite contenant toujours le drapeau [à] hauteur du teton, le coude au corps.
Portez = vos armes.	I.	2.	*Premier mouvement.* Élever le drapeau de la main droit[e] hauteur du menton ; le saisir de la m[ain] gauche à hauteur du dernier bouton [de] la veste, l'élever aussitôt de cette main [à] hauteur du menton, & descendre la m[ain] droite pour le saisir à hauteur du dern[ier] bouton de la veste, le drapeau d'aplom[b] *Sec[ond]*

ÉNONCÉ DES COMMANDEMENS.	POUR EXÉCUTER.	POUR MONTRER.	EXPLICATION DES MOUVEMENS.
			Second mouvement. Le placer sur la hanche droite dans la position prescrite pour le porter, la main gauche pendante derrière l'épée. *Pour saluer du Drapeau en le portant, soit de pied-ferme, soit en marchant.* La personne qu'on devra saluer étant éloignée de six pas, baisser doucement la lance jusqu'à six pouces de terre, en restant face en tête, sans que le talon du drapeau quitte la hanche; relever doucement la lance lorsque la personne qu'on aura saluée sera dépassée de deux pas. Les Officiers & bas Officiers étant sous les armes, ne salueront jamais du chapeau. Lorsque les armes seront à terre, on plantera les drapeaux en terre, & on y posera une Sentinelle pour les garder. Les Officiers & les bas Officiers de Grenadiers & de Chasseurs se reposeront sur leurs armes, les poseront à terre, les releveront & les reporteront en même temps que la troupe. Toutes les fois qu'un bataillon rendra des honneurs, on portera le drapeau à la hanche. Toutes les fois qu'un bataillon sera en bataille, on portera le drapeau à l'épaule droite, le bras droit alongé, le talon dans la main droite. *Du Maniement de l'épée.* Les Officiers armés d'épées la porteront à l'épaule droite, la lame appuyée contre l'épaule, la poignée tenue par la main droite à hauteur & en avant de la hanche.

C

ÉNONCÉ DES COMMANDEMENS.	POUR EXÉCUTER.	POUR MONTRER.	EXPLICATION DES MOUVEMENS.
	Temps.	*Mouvemens.*	
	4.		

Salut de l'épée.

Lorsque les Officiers supérieurs devront saluer de l'épée, soit de pied-ferme, soit en marchant, ils le feront en quatre temps.

Premier temps.

La personne qu'on devra saluer étant à six pas de distance, on élevera l'épée perpendiculairement la pointe en haut la lame plate devant soi, la garde vis-à-vis & à un pied de distance de l'épaule droite le coude un demi-pied plus bas que le poignet.

Second temps.

Baisser doucement la lame de l'épée de manière que la main soit à côté & vis-à-vis le milieu de la cuisse droite tourner alors le poignet un peu en dehors abaisser la pointe de l'épée fort doucement & rester dans cette position jusqu'à ce que la personne qu'on aura saluée soit dépassé de deux pas.

Troisième temps.

Relever l'épée la pointe en haut, tenant comme au premier temps.

Quatrième temps.

Porter l'épée à l'épaule, comme il est prescrit ci-dessus.

TITRE III.
De l'instruction des Recrues.

ARTICLE PREMIER.

Officiers chargés de l'instruction des Recrues.

LE Capitaine-commandant, sera chargé de l'instruction de ses Recrues ; mais cette partie essentielle exigeant de la part des Officiers & bas Officiers qui y sont employés, une intelligence, une patience, une douceur & une fermeté que tous les hommes ne réunissent pas au même degré, le Capitaine-commandant choisira dans sa compagnie un Officier, un Sergent, & deux Caporaux, qui seront spécialement chargés de l'instruction des Recrues.

Le Capitaine commandant, après avoir fait son choix, les proposera au Commandant du régiment qui, après s'être assuré de leur intelligence, & qu'ils ont les qualités requises les agréera.

Rien n'étant plus important pour le bien du service de Sa Majesté, que les recrues soient promptement formées & mises en état d'entrer dans le bataillon ; elle attend du zèle des Officiers qui en seront chargés, qu'en se conformant avec exactitude à ce qui sera prescrit ci-après, sans y rien ajouter ni diminuer, le plus grand nombre des recrues sera dressé en six semaines.

Quoique Sa Majesté ordonne qu'il soit fait choix pour être attaché à l'instruction particulière des recrues dans chaque compagnie, d'un Officier, d'un Sergent & de deux Caporaux parmi ceux qui montreront le plus de zèle & d'intelligence ; son intention est néanmoins qu'aucun sujet proposé pour être Officier, ne puisse être admis à ce nouveau grade qu'il n'ait présenté au Commandant du régiment, trois hommes de recrue dressés par lui & mis en état d'entrer dans le bataillon, afin que dans le cas de l'arrivée d'un nombre confidérable de recrues, tous les Officiers puiffent indiftinctement être employés à cette partie effentielle.

Autant qu'il fera poffible, il y aura un rendez-vous général indiqué pour le raffemblement des recrues, afin que les Officiers fupérieurs puiffent veiller fur cette partie autant que leurs autres fonctions le leur permettront.

Le Commandant du régiment nommera un Officier parmi ceux qui feront attachés aux recrues de chaque compagnie, ou parmi les autres Officiers du régiment, en obfervant que cet Officier ait par fon grade ou fon ancienneté, l'autorité fur tous les autres; lequel fera chargé de furveiller l'inftruction des recrues & de faire obferver les moyens prefcrits & la progreffion indiquée ci-après.

Au moyen du raffemblement des recrues dans le même lieu, on pourra réunir les recrues de deux ou plufieurs compagnies, afin de les inftruire enfemble des chofes qu'on ne pourroit leur montrer féparément, en fe conformant cependant aux différens degrés de raffemblement qui feront indiqués ci-après.

Tout Officier employé à l'inftruction des recrues de fa compagnie, ne pourra en propofer la réunion à l'Officier qui fera chargé de furveiller l'École des recrues du régiment qu'après qu'il les aura préfentés à fon Capitaine, qui jugera d'abord s'ils font fuffifamment inftruits, & qui pour cet effet les vifitera au moins deux fois par femaine.

A R T I C L E 2.

Progreffion de l'École des Recrues.

On prendra les recrues homme par homme.

Pofition

Position du Soldat.

Les talons joints & posés sur la même ligne, les pointes des pieds également en dehors & en équerre, les jarrets tendus sans les roidir, le corps bien à-plomb, les épaules droites, effacées & également tombantes, le haut du corps & la poitrine en avant, sans cependant tendre le derrière, les bras alongés dans toute leur longueur, sans les roidir, les deux mains pendantes & placées à plat sur le côté de la cuisse, la tête dégagée des épaules, le cou retiré en arrière, le menton un peu rapproché de la cravate, sans cependant la couvrir, la tête tournée à droite, de manière que l'œil gauche se trouve dans la direction des boutons de la veste, le regard fixé sur l'objet qui lui sera indiqué.

On observera sur-tout que dans sa position le Soldat n'éprouve aucune gêne, & on n'emploiera aucun autre moyen que celui qui est prescrit par la présente Ordonnance.

On accoutumera le Soldat à l'immobilité, il la prendra aussitôt qu'on lui fera le commandement :

Garde=à vous.

Il la conservera jusqu'à l'avertissement :

Repos.

Le commandement *garde à vous*, sera celui dont on se servira dans tous les cas où une troupe étant au repos, on voudra lui faire reprendre l'immobilité.

Après cette première position, on lui donnera sa giberne & on lui montrera comme elle doit être placée.

On lui fera exécuter les mouvemens de tête par les commandemens

Tête ＝ *à gauche.*

Tête ＝ *à droite.*

Tête ＝ *à gauche.*

A ce commandement, tourner brufquement la tête à gauche, de manière que l'œil droit fe trouve dans la direction des boutons de la vefte.

Tête ＝ *à droite.*

La tourner brufquement pour reprendre la même pofition, fans que le corps bouge, & fans pencher la tête.

On lui montrera enfuite les *à droite*, les *à gauche*, & les *demi-tour à droite*.

A droite ..... 1 temps.

Tourner fur le talon gauche, élevant un peu la pointe du pied gauche, rapporter en même temps le talon droit à côté du gauche & fur le même alignement, fans frapper du pied.

A gauche ..... 1 temps.

Tourner auffitôt fur le talon gauche, rapporter le talon droit à côté du gauche, & fur le même alignement.

Demi-tour ＝ *à droite...... 2 temps.*

Premier temps.

Porter le pied droit en arrière, le talon droit à trois pouces du gauche, la boucle du pied droit contre le talon gauche, faifir en même-temps la giberne par le coin avec la main droite.

Deuxième temps.

Tourner fur les deux talons, les jarrets tendus, en élevant un peu la pointe des pieds; ramener le pied droit fur l'alignement du talon gauche, & lâcher la giberne.

On obfervera de couper ce commandement de manière que le premier temps s'exécute après l'avertiffement *demi-tour*, & le deuxième temps auffitôt qu'on aura prononcé *à droite.*

Après cette première inftruction, on donnera à l'homme les premiers principes du pas.

Pas d'École.

Ce pas fera de deux pieds ; il fera un peu plus lent que le pas ordinaire, & d'environ foixante pas par minute.

Commandemens.

I.

En avant.

2.

Marche.

Porter brufquement en avant, mais fans fecouffe, la jambe gauche tendue, pouffer auffitôt la totalité du corps en avant, fans que les épaules tournent ni à droite ni à gauche en détendant la jambe pour pofer le pied gauche à terre, à deux pieds, en comptant d'un talon à l'autre, le genou un peu fléchi ; tendre le genou de la jambe qui eft à terre à mefure que le poids du corps arrive deffus ; continuer de pouffer le corps, fans que les épaules tournent ni à droite ni à gauche ; déployer fucceffivement la jambe droite (fans cependant la tendre tout-à-fait), en la paffant en avant par un mouvement égal & continu, pour pofer le pied droit à terre, à deux pieds en avant du gauche, le genou de même un peu fléchi ; le tendre en achevant d'y apporter le poids du corps, & continuer de le pouffer en avant pour commencer le troifième pas, en fuivant à tous les autres pas, ce qui vient d'être prefcrit pour le paffage de la jambe droite en avant.

Cette forme de pas n'étant déterminée que pour fe conformer au mécanifme naturel de la marche, on recommandera à l'homme de recrue de ne mettre de roideur dans aucun de fes mouvemens ; on cherchera fans aucun autre moyen que celui indiqué ci-deffus, à lui faire acquérir une marche fimple, facile, naturelle, & qui puiffe lui fervir également dans toute efpèce de terrein, & dans tous les différens degrés de viteffe.

Halte.

Finir le pas commencé, en rapportant vivement & fans frapper le pied à côté de celui qui eft à terre, & tourner la tête à droite, fi elle étoit à gauche en marchant; cette pofition devant toujours être celle du Soldat de pied-ferme, à moins qu'il ne lui foit fait un commandement contraire.

Le commandement *halte* fe fera indiftinctement fur l'une ou l'autre jambe.

Après la première inftruction du pas d'École, on lui fera porter l'arme.

Port de l'arme.

L'arme dans la main gauche, le bras prefque alongé de fa longueur, le coude joint au corps fans le ferrer, la paume de la main collée contre le plat extérieur de la croffe, le premier doigt fur la vis, le pouce par-deffus, les trois derniers doigts par-deffous le talon de la croffe, qui fera appuyée plus ou moins en avant, fuivant la conftruction de la hanche, de manière que l'arme foit auffi droite qu'il fera poffible, la baguette du fufil au défaut de l'épaule, le canon en dehors, la main droite à plat le long de la cuiffe & fur le côté.

Attentions que doit avoir l'Inftructeur dans le pas d'École, & pour le port d'armes.

Que la tête & le corps confervent toujours la pofi-tion qu'il a donnée; que l'arme ne vacille point; que les épaules ne tournent ni à droite ni à gauche; que le corps & les jambes foient toujours également en mou-vement; que le corps fe porte toujours fur la jambe qui pofe à terre; que l'impulfion du corps foit toujours proportionnée au degré de vîteffe de la marche; que l'Inftructeur, fur-tout dans les premiers temps, indique fouvent cette vîteffe à l'homme de recrue, en marchant lui-même lui-même un peu en avant de lui; que les jambes ne croifent point l'une fur l'autre.

Le Soldat ayant reçu les principes de la pofition du corps & du pas d'École, & ayant acquis l'à-plomb néceffaire, on réunira trois hommes; ils feront exercés aux différens pas, tantôt en rang, tantôt en file.

Pas ordinaire.

Le pas ordinaire fera de deux pieds, & fa vîteffe de foixante-dix pas par minute; il s'exécutera fur les mêmes principes que le pas d'école, en obfervant fur-tout que le corps fe porte continuellement en avant, & que fon impulfion détermine conftamment le mouvement des jambes.

Pas de manœuvre.

Le pas de manœuvre fera de même étendue, & fa vîteffe de cent vingt pas par minute.

Pas de route.

Le pas de route fera de même étendue, & fa vîteffe de quatre-vingt-dix à cent pas par minute.

Pas par le flanc.

Le pas de flanc fera de deux pieds; il s'exécutera fur les mêmes principes, excepté que le haut du corps fe portera encore plus décidément en avant, & qu'en pofant le pied à terre, le genou fera un peu plus fléchi.

Marche de flanc.

Les trois hommes étant fur un rang joints bras à bras, on leur fera faire *à droite* ou *à gauche.*

Au commandement *marche,* la file marchera en avant.

E

Attentions des bas Officiers dans la marche de flanc.

Que le Soldat porte le corps en avant au commandement *marche* ; que chaque homme conserve toujours exactement l'intervalle qui le sépare de son chef-de-file, après avoir fait *à droite* ou *à gauche*, supposant chaque homme joint bras à bras à son voisin lorsqu'il étoit en rang :

Que pendant la marche, le corps soit toujours en mouvement :

Que les jambes passent également :

Que le pas ne soit jamais moins long que de deux pieds.

Pas oblique.

Le pas oblique sera alongé le plus qu'il sera possible, suivant le degré d'obliquité dans lequel on marchera.

Au commandement { *Oblique à droite = marche.*   ou   *Oblique à gauche = marche.* }

Déterminer l'impulsion du corps & marcher obliquement à droite ou à gauche, laissant toujours la tête tournée du côté vers lequel elle se trouve.

En avant = marche.

Le Soldat marchera devant lui, en poussant le corps en avant.

Attentions de l'Instructeur dans la marche oblique.

Déterminer lui-même l'obliquité de la *marche*, exiger que les trois hommes appuient en même temps *à droite* ou *à gauche* ; que les épaules restent carrément ; prendre garde sur-tout que l'épaule opposée au côté vers lequel on appuiera n'avance hors du rang ; que les trois hommes restent joints bras à bras du côté de l'alignement.

On exercera fréquemment les Soldats à raccourcir, & fur-tout à alonger ces différens pas.

Pour raccourcir, on commandera:

Petit pas = *marche.*

Marcher le pas d'un pied.

Pour alonger, on commandera:

Alongez = *marche.*

Marcher le pas de deux pieds & demi.

Ces deux différens pas pourront être raccourcis, preffés ou ralentis fuivant le befoin ; la mefure & la célérité en feront alors déterminées par l'Inftructeur, qui fe placera de temps en temps à côté des hommes de recrue, à leur droite ou à leur gauche, fuivant le côté vers lequel ils auront la tête tournée.

On accoutumera les Soldats à marquer le pas fans avancer par le commandement,

Marquez le pas.

Rapporter le talon de la jambe en mouvement contre & à côté de celui qui eft à terre, jufqu'au commandement *halte,* auquel le Soldat rapportera le talon de la jambe qui fera en mouvement à côté de celui qui eft à terre, ou jufqu'au commandement *en avant* = *marche,* qui fe fera indiftinctement fur l'une ou l'autre jambe, & auquel le Soldat portera le corps en avant.

En arrière = *marche.*

On marchera en arrière en portant le pied gauche en avant au commandement *marche;* mais on ne fe fervira de ce pas que pour faire reculer un petit nombre de pas, une troupe qui feroit trop en avant.

On exercera le Soldat à paffer du pas ordinaire au pas de manœuvre, & du pas de manœuvre au pas ordinaire.

On commandera :

Pas de manœuvre = marche.

ou

Pas ordinaire = marche.

Prendre le pas de manœuvre ou le pas ordinaire, suivant le commandement.

On exercera le Soldat à passer du pas en avant au pas oblique, & du pas oblique au pas en avant, par les commandemens indiqués ci-dessus.

Le Soldat étant instruit sur ces différens pas, on lui montrera le maniement des armes dans l'ordre ci-après.

A R T I C L E 3.
Maniement des armes.

Le maniement des armes sera montré aux trois hommes ensemble, d'abord *en rang,* ensuite *en file.*

Les temps seront divisés en mouvemens pour montrer au Soldat le mécanisme de chaque temps.

La dernière syllabe du commandement, décidera l'exécution du premier mouvement; les commandemens *deux, trois,* &c. décideront l'exécution de tous les autres.

Lorsque le Soldat connoîtra la position de chaque mouvement d'un temps, on lui montrera aussitôt à exécuter ce temps avec la plus grande vivacité, sans s'arrêter sur les différens mouvemens, & sans exiger qu'ils soient parfaitement distincts, la perfection dans l'exécution de chaque temps dépendant au contraire d'arriver avec la plus extrême célérité au résultat du temps commandé.

ÉNONCÉ COMMANDEMENS.	POUR EXÉCUTER.	POUR MONTRER.	EXPLICATION DES MOUVEMENS.
	Temps.	*Mouvemens.*	
arge en douze temps. *Avertissement.*			### ARTICLE 4. *De la charge en douze temps.*
I.			*Premier mouvement.*
hargez = vos armes.	I.	2.	FAIRE *demi à droite*, fur le talon gauche; placer le pied droit en équerre derrière le talon gauche, la boucle appuyant au talon; tourner en même temps la platine en deffus avec la main gauche; faifir la poignée du fufil avec la main droite, l'arme d'à-plomb & détachée de l'épaule, laiffer la main gauche libre fur le talon de la croffe.
			Second mouvement.
			Abattre l'arme avec la main droite dans la main gauche, qui vient en même temps faifir l'arme à la première capucine, le pouce alongé le long du bois, la croffe fous le bras droit, la poignée du fufil contre & au-deffus du teton droit, le bout du canon à hauteur de l'œil, la fougarde un peu en dehors, le coude gauche appuyé fur le côté: en même temps que l'arme tombe dans la main gauche, le pouce de la main droite fe place contre la batterie au-deffus du chien, les quatre doigts de la main fermés, l'avant-bras droit le long de la croffe.
2. *vrez = le baffinet.*	I.	I.	Découvrir le baffinet en pouffant fortement la batterie avec le pouce de la main droite; retirer le coude en arrière; porter la main à la giberne, en la paffant entre la croffe & le corps, & ouvrir la giberne.
3. *nez = la cartouche.*	I.	I.	Prendre une cartouche, la tenir entre le pouce & les deux premiers doigts, la porter tout de fuite entre les dents, la

F

ÉNONCÉ DES COMMANDEMENS.	POUR EXÉCUTER.	POUR MONTRER.	EXPLICATION DES MOUVEMENS.
	Temps.	*Mouvemens.*	
III. 4.			main droite paſſant entre la croſſe corps.
4. *Déchirez = la cartouche.*	1.	1.	Déchirer la cartouche juſqu'à la po la tenant près de l'ouverture entre le p & les deux premiers doigts, la deſce tout de ſuite, & la placer horizontale ſur le baſſinet, le deſſus de la mai l'air, le coude appuyé ſur la croſſe.
5. *Amorcez.*	1.	1.	Baiſſer la tête ; porter l'œil ſ baſſinet ; le remplir de poudre ; reſ la cartouche près de l'ouverture, av pouce & le premier doigt ; relever la porter la main droite derrière la bat en appuyant les deux derniers deſſus.
6. *Fermez = le baſſinet.*	1.	1.	Réſiſter de la main gauche, ferme tement le baſſinet avec les deux de doigts, tenant toujours la cartouche les deux premiers ; ſaiſir tout de ſu poignée du fuſil avec les deux de doigts & la paume de la main droi poignet joint au corps ; le coude en a & un peu détaché du corps.
7. *L'arme = à gauche.*	1.	2.	*Premier mouvement.* Redreſſer l'arme, en étendant ment le bras droit de ſa longueur ; to en même temps la baguette vers le de l'épaule ; couler la main gauche j la ſeconde capucine, le chien porta le pouce de la main droite, & fai même temps *face en tête*, en port pied droit en avant, le talon contr touchant la boucle du pied gauche. *Second mouvement.* Lâcher alors le fuſil de la main d deſcendre l'arme avec la main gau long & près du corps ; remonter en temps la main droite à hauteur, &

ÉNONCÉ es COMMANDEMENS.	POUR EXÉCUTER.	POUR MONTRER.	EXPLICATION DES MOUVEMENS.
	Temps.	*Mouvemens.*	pouce du bout du canon; poser la crosse à terre sans frapper, la main gauche appuyée au-dessous du dernier bouton de la veste, l'arme touchant la cuisse gauche, le bout du canon à huit pouces & vis-à-vis le défaut de l'épaule droite.
8. rtouche = dans le canon.	1.	1.	Porter l'œil sur le bout du canon; tourner brusquement le dessus de la main droite vers le corps pour renverser la poudre en élevant le coude à hauteur du poignet; secouer la cartouche & laisser la main renversée, les doigts fermés sans les serrer.
9. Tirez = la baguette.	1.	2.	*Premier mouvement.* Baisser vivement le coude droit, & saisir la baguette entre le pouce & le premier doigt ployé; tirer tout de suite la baguette à moitié hors des tenons; renverser vivement la main droite, le pouce en bas, le coude droit élevé, pour saisir la baguette près des tenons, avec le bout des doigts & le pouce; achever de la tirer dans la même direction, en alongeant les doigts vers le gros bout, & étendant le bras de toute sa longueur. *Second mouvement.* Tourner, le bras tendu, la baguette entre la baïonnette & le visage, la baguette du deuxième & du troisième rang rasant l'épaule droite de son chef-de-file; porter le gros bout dans le canon, & le faire entrer jusqu'à la main qui tiendra la baguette empoignée.
10. Bourrez.	1.	1.	Étendre le bras de sa longueur, en remontant la main droite pour saisir la baguette, avec le pouce alongé, le premier doigt ployé & les autres fermés; la chasser avec force dans le canon, & la resaisir par le petit bout entre le pouce & le

ÉNONCÉ DES COMMANDEMENS.	POUR EXÉCUTER.	POUR MONTRER.	EXPLICATION DES MOUVEMENS.
III. 4.	*Temps.*	*Mouvemens.*	premier doigt, les autres doigts p[...] comme ci-dessus, le coude droit joi[...] corps.
11. *Remettez* $=$ *la baguette.*	1.	2.	*Premier mouvement.* Chasser vivement la baguette à n[...] hors du canon, descendre la main, l[...] mier doigt contre le bout du cano[...] main renversée, le pouce en bas, le c[...] élevé à hauteur du poignet ; achev[...] la tirer en alongeant les doigts v[...] petit bout & rester le bras tendu. *Second mouvement.* La tourner comme il est expliq[...] neuvième temps, pour apporter le [...] bout dans les tenons ; la faire gli[...] long des tenons, & l'enfoncer to[...] suite, en plaçant sur le gros bout la [...] un peu ployée.
12. *Portez* $=$ *vos armes.*	1.	3.	*Premier mouvement.* Élever l'arme le long du corps a[...] main gauche, le petit doigt à haut[...] l'œil, le canon en dehors ; abaisser l[...] droite pour saisir l'arme à la poigné[...] *Second mouvement.* Élever l'arme de la main droite ; [...] alors la main gauche, & la porter [...] crosse ; rapportant le pied droit à c[...] gauche & sur le même alignement ; a[...] l'arme avec la main droite contre l[...] gauche. Dans la position indiquée [...] port d'armes, la main droite to[...] l'arme à la poignée sans la tenir. *Troisième mouvement.* Laisser tomber vivement la main [...] le long de la cuisse. L'expérience ayant prouvé que l[...]

É N O N C É ᴅᴇꜱ ᴄᴏᴍᴍᴀɴᴅᴇᴍᴇɴꜱ.	ᴘᴏᴜʀ ᴇxÉᴄᴜᴛᴇʀ.	ᴘᴏᴜʀ ᴍᴏɴᴛʀᴇʀ.	EXPLICATION ᴅᴇꜱ ᴍᴏᴜᴠᴇᴍᴇɴꜱ.
	Temps.	*Mouvemens.*	rangs tirent debout à la guerre ; & l'intention de *Sa Majesté* étant de ne prescrire que ce qui peut s'exécuter devant l'ennemi, Elle ordonne que dans les feux, le premier rang ne mette jamais genou en terre, & que les trois rangs tirent debout & à la fois.

Le temps d'apprêter les armes se montrera aux trois rangs en deux mouvemens.

Position du premier rang.

Premier mouvement.

Apprêtez = *vos armes.*	1.	2.	Comme le premier mouvement du premier temps de la charge.

Second mouvement.

Apporter l'arme avec la main droite au milieu du corps ; placer la main gauche en frappant le petit doigt joignant le ressort de batterie, le pouce alongé le long du bois à hauteur du menton, la contre-platine tournée presque vers le corps, la baguette vers le front du bataillon ; porter en même temps le pouce de la main droite sur la tête du chien, le premier doigt au-dessous & contre la sougarde, les trois autres doigts joints au premier ; fermer vivement le coude droit en armant, & saisir la poignée.

Position du deuxième rang.

Premier mouvement.

Comme le premier mouvement du premier rang, excepté que le pied droit se portera sur la droite, à six pouces du gauche, & sur l'alignement du rang.

G

ÉNONCÉ DES COMMANDEMENS.	POUR EXÉCUTER.	POUR MONTRER.	EXPLICATION DES MOUVEMENS.
	Temps	*Mouvemens.*	*Second mouvement.* L'arme comme le premier rang. *Position du troisième rang.* *Premier mouvement.* Porter le pied gauche sur la gauche dix pouces du droit, & sur l'aligneme du rang, la pointe du pied un peu dedans; tourner en même temps le cor en *demi à droite*, apporter le pied dre derrière le gauche, les pieds & l'ar placés comme le premier rang. *Second mouvement.* L'arme comme le premier rang.
En = joue.	I.	I.	Abaisser brusquement le bout du cano glisser la main gauche le premier do en-deçà & contre la première capuci appuyer la crosse contre l'épaule droi les coudes abattus, sans être serrés au cor fermer l'œil gauche; diriger l'œil droit long du canon; baisser la tête sur la cre pour ajuster. Le troisième rang avancera en mê temps le pied gauche à huit pouces, genou un peu fléchi, & le corps fo ment incliné en avant: dans les trois ran placer le premier doigt sur la détente.
Feu	I.	2.	*Premier mouvement.* Appuyer avec force le premier d sur la détente, sans baisser davantag tête, & rester dans cette position. *Second mouvement.* Retirer vivement l'arme pour pren la position de la fin du sixième temp

ÉNONCÉ ES COMMANDEMENS.	POUR EXÉCUTER.	POUR MONTRER.	EXPLICATION DES MOUVEMENS.
	Temps.	*Mouvemens.*	la charge, excepté que le pouce faifira la tête du chien, avec le premier doigt ployé, & les autres doigts fermés pour le remettre au repos, & que le troifième rang, en retirant l'arme, reculera en portant le pied droit à huit pouces en arrière de fon alignement, le pied gauche fuivant pour fe trouver dans la pofition de la charge.
Le chien = au repos.	1.	1.	Relever le chien jufqu'au cran du repos; porter auffitôt la main à la giberne en la paffant entre la croffe & le corps, & ouvrir la giberne.
			Si, après avoir fait *feu*, on ne veut point faire *charger les armes*, on commandera auffitôt après, *portez = vos armes.* A la fin de ce commandement, le Soldat mettra le chien au repos, fermera le baffinet, & portera l'arme, fans qu'il foit néceffaire d'exiger d'enfemble, mais feulement la plus grande vivacité.
			Les Soldats du troifième rang, en portant les armes, foit qu'ils aient chargé, foit qu'ils n'aient pas chargé, fe reporteront fur l'alignement du troifième rang; ils refteront cependant déboîtés, & ne fe remettront à leur chef-de-file, qu'à la fin du roulement qui fe fait pour la ceffation des feux.
			Dans les écoles de détail où il n'y a point de tambour, on indiquera le roulement par le mot *roulement*, auquel on ajoutera un inftant après celui de *fin de roulement*, que l'on ne dira cependant qu'au moment où les armes feront portées fur l'épaule.
Préfentez = vos armes.	1.	2.	*Premier mouvement.*
			Tourner la platine en deffus avec la main gauche; faifir la poignée avec la main droite, l'arme d'à-plomb, détachée

ÉNONCÉ DES COMMANDEMENS.	POUR EXÉCUTER.	POUR MONTRER.	EXPLICATION DES MOUVEMENS.
	Temps.	*Mouvemens.*	
III. 4.			de l'épaule, & la main gauche libre f[...] la croffe. *Second mouvement.* Achever de tourner l'arme avec [...] main droite pour l'apporter à-plomb [...] à-vis l'œil gauche, au milieu du cor[...] la baguette en avant, le chien à haut[...] du dernier bouton de la vefte, la m[...] droite empoignant l'arme au-deffous [...] contre la fougarde; l'empoigner en mê[...] temps brufquement avec la main gauc[...] placer le petit doigt contre le reffort [...] batterie, le pouce alongé le long du car[...] contre la monture, l'avant-bras collé [...] corps fans être gêné; refter *face en tête* [...] bouger les pieds.
Portez = vos armes.	I.	2.	*Premier mouvement.* Tourner l'arme avec les deux mai[...] le canon en dehors; l'élever & la pla[...] contre l'épaule gauche avec la main dro[...] defcendre la main gauche fous la cro[...] & la main droite libre contre la poigné[...] *Second mouvement.* Laiffer tomber la main droite fu[...] côté.
Garde = à vous. I. 2. *Infpection = des armes.*	I.	I.	A R T I C L E 5. *Infpection des armes.* La pofition du Soldat repofé fur l'a[...] fera toujours la main baffe, le canon e[...] le premier doigt & le pouce, ces [...] doigts alongés le long de la monture [...] trois autres doigts alongés & joint[...] bout du canon à deux pouces de l'épa[...] la baguette en avant, le talon de la c[...] contre & à côté de la pointe du pied dr[...] Faire *à droite* & demi fur le talon gau[...]

ÉNONCÉ ES COMMANDEMENS.	POUR EXÉCUTER.	POUR MONTRER.	EXPLICATION DES MOUVEMENS.
	Temps.	*Mouvemens.*	en portant le pied droit à six pouces du gauche, perpendiculairement en arrière de l'alignement, les pieds en équerre; saisir l'arme de la main gauche, à hauteur du dernier bouton de la veste; incliner le bout du canon en arrière, le talon de la crosse ne bougeant point, la baguette tournée vers le corps; porter aussitôt, en écartant un peu l'arme du corps, la main droite à la baïonnette, en la saisissant par la douille & la branche, de manière que l'extrémité de la douille dépasse le talon de la main d'un pouce, & qu'en la tirant le pouce s'alonge sur la lame; l'arracher du fourreau, la porter & la placer au bout du canon, en rapprochant l'arme du corps; saisir aussitôt la baguette entre le pouce & le premier doigt, & la tirer comme il est expliqué à la *charge en douze temps;* la laisser glisser dans le canon, & faire face en tête aussitôt pour reprendre la même position.
			Alors chaque Officier inspectera successivement l'arme du Soldat devant lequel il passera, il la prendra & la lui rendra après l'avoir examinée. Le Soldat ouvrira sa giberne avec la main droite à l'instant où l'Officier prendra son arme, & dès que l'Officier la lui aura rendue, il remettra de lui-même la baguette, en reprenant la position prescrite au commandement *inspection des armes;* après quoi il se remettra face en tête.
			Si on veut seulement faire mettre la baïonnette au canon, on commandera:
aïonnette = au canon.	1.	1.	Mettre la baïonnette au bout du canon, & aussitôt faire face en tête.
			Si la baïonnette étant au canon, on veut faire mettre la baguette dans le canon

H

ÉNONCÉ DES COMMANDEMENS.	POUR EXÉCUTER.	POUR MONTRER.	EXPLICATION DES MOUVEMENS.
	Temps.	Mouvemens.	
Baguette = dans le canon.	1.	1.	pour faire l'inspection des armes apr avoir tiré, on commandera : Mettre la baguette dans le canon, fai auſſitôt face en tête, & la remettre apr que l'arme aura été examinée par l'Offici qui, ſans la reprendre, fera ſimpleme rebondir la baguette dans le canon, en ſaiſiſſant par le petit bout. L'inſpection finie, on commandera :
Portez = vos armes.	1.	2.	*Premier mouvement.* Élever l'arme de la main droite, en portant contre l'épaule gauche ; la faiſa tourner pour que le canon ſe trouve dehors ; placer en même temps la ma gauche ſous la croſſe ; laiſſer la main droi libre ſans l'abaiſſer, & contre l'arme. *Second mouvement.* Laiſſer tomber la main droite à p ſur le côté de la cuiſſe. Lorſqu'on réunira les deux mouveme en un ſeul, il faut qu'en jetant l'arme ſ l'épaule, la main droite tombe dans rang preſque en même temps que la cro arrive dans la main gauche.
Repoſez-vous = ſur vos armes.	1.	2.	*Premier mouvement.* Saiſir l'arme avec la main droite a deſſus & contre la première capucine ; lâch de la main gauche, & porter viveme l'arme à droite, la croſſe à trois pouces terre, la baguette en dehors. *Second mouvement.* Laiſſer gliſſer l'arme dans la main po prendre la poſition indiquée avant premier commandement de l'inſpection.

ÉNONCÉ s Commandemens.	Pour exécuter.	Pour montrer.	EXPLICATION des Mouvemens.
	Temps.	*Mouvemens.*	
Vos armes = à terre.	1.	2.	*Premier mouvement.*

Tourner l'arme de la main droite, la contre-platine en avant; faifir la bretelle de la giberne avec la main gauche; courber le corps brufquement; avancer le pied gauche, qui frappera naturellement; pofer l'arme à terre avec la main droite, droit devant foi, le talon de la croffe reftant toujours à hauteur de la pointe du pied droit, le jarret droit un peu ployé; le talon droit élevé; le talon gauche vis-à-vis la première capucine.

Second mouvement.

Se relever, rapporter le pied gauche à côté du droit; laiffer tomber les deux mains à plat fur le côté de la cuiffe.

| *Relevez = vos armes.* | 1. | 2. | *Premier mouvement.* |

Comme le premier mouvement de *vos armes = à terre.*

Second mouvement.

Relever l'arme auffitôt que le pied gauche eft arrivé à côté du droit; tourner l'arme avec la main droite, la baguette en avant, la main gauche tombant pendante.

| *Portez = vos armes.* | 1. | 2. | *Premier & Second mouvemens.* |

Comme ci-deffus.

| *L'arme = au bras.* | 1. | 3. | *Premier mouvement.* |

Empoigner brufquement l'arme quatre pouces au-deffous de la platine, fans tourner le fufil, & en l'élevant un peu.

Second mouvement.

Quitter la croffe de la main gauche;

ÉNONCÉ DES COMMANDEMENS.	POUR EXÉCUTER.	POUR MONTRER.	EXPLICATION DES MOUVEMENS.
I.	*Temps.*	*Mouvemens.*	placer l'avant-bras gauche étendu sur [la] poitrine, contre le chien, la main sur [le] teton droit.
			Troisième mouvement.
			Laisser tomber la main droite à [plat] sur le côté de la cuisse.
Portez ═ vos armes.	1.	3.	*Premier mouvement.*
			Porter brusquement la main droite à [la] poignée de l'arme.
			Second mouvement.
			Placer la main gauche brusquement [sur] la crosse, pour fixer l'arme dans la posit[ion] ordinaire.
			Troisième mouvement.
			Laisser tomber la main à plat sur [le] côté de la cuisse.
			Premier mouvement.
Remettez ═ la baïonnette.	1.	3.	Saisir l'arme avec la main droite [au-] dessus de la première capucine.
			Second mouvement.
			Descendre l'arme de la main droi[te] le long de la cuisse gauche; la saisir de [la] main gauche au-dessus de la droite, p[our] prendre la position du septième temps [de] la charge; ôter la baïonnette avec la m[ain] droite; détacher l'arme du corps avec [la] main gauche; remettre la baïonnette [dans] le fourreau, en baissant un peu la [tête] pour en voir l'entrée & la relever aussi[tôt,] la main droite restant près de la douille.
			Troisième mouvement.
			Élever l'arme avec la main gauche [&] saisir à la poignée avec la main dro[ite] & porter l'arme.

Pre[mier]

ÉNONCÉ es commandemens.	Pour exécuter. Temps.	Pour montrer. Mouvemens.	EXPLICATION des mouvemens.
L'arme fous le bras = gauche.	1.	2.	*Premier mouvement.* Empoigner brufquement l'arme avec la main droite à la poignée ; la détacher en même temps de l'épaule, le canon en dehors ; la faifir de la main gauche à la capucine, le pouce alongé fur la baguette, l'arme à-plomb, vis-à-vis l'épaule gauche, la pointe de la croffe ne changeant point de place, le coude joint à l'arme, le pouce droit fur la contre-platine, & le premier doigt contre le chien. *Second mouvement.* Paffer l'arme fous le bras gauche, fans changer la main gauche de place, le petit doigt appuyé à la hanche, la main droite tombant en même-temps à plat fur le côté.
Portez = vos armes.	1.	2.	*Premier mouvement.* Relever l'arme de la main gauche ; la faifir de la droite à la poignée pour l'appuyer contre l'épaule, la croffe placée à hauteur du port d'armes ; quitter l'arme de la main gauche, & la placer brufquement fous la croffe. *Second mouvement.* Laiffer tomber la main droite pendante fur le côté.
Baïonnette = au canon.	1.	3.	*Premier mouvement.* Comme le premier mouvement de *remettez = la baïonnette.* *Second mouvement.* Comme le fecond mouvement de remettre la baïonnette, excepté que la

I

ÉNONCÉ DES COMMANDEMENS.	POUR EXÉCUTER.	POUR MONTRER.	EXPLICATION DES MOUVEMENS.
	Temps.	*Mouvemens.*	main gauche tenant l'arme écartée d[u] corps, la main droite faifira la douille d[e] la baïonnette pour la mettre brufquemen[t] au bout du canon; la main gauche rappr[o]chera en même temps l'arme du corp[s] & la main droite reftera placée à la branch[e] de la baïonnette.

Troifième mouvement.

Porter l'arme comme il eft expliq[ué] au *douzième temps de la charge.*

Attentions que doit avoir l'Inftructeur, en montrant le maniement des armes.

Exécuter lui-même chaque mouvement qu'il montre, afin de joindre l'exemple au précepte.

Auffitôt que les hommes de recrue fauront les mouvemens d'un temps, leur montrer le temps en l'exécutant lui-même devant eux, fans s'arrêter fur les mouvemens; leur faire recommencer les mouvemens s'ils n'en ont pas bien faifi l'exécution; faire conferver la pofition du corps & de la tête; exiger la plus grande vivacité dans l'exécution, immobilité après chaque mouvement ou chaque temps, précifion dans les pofitions; avoir attention que les bras feuls agiffent, que l'arme paffe toujours le plus près poffible du corps; montrer à chaque homme la pofition des trois *rangs* pour l'exécution des *feux.*

Il aura principalement attention de montrer les temps l'un après l'autre felon l'ordre dans lequel ils font prefcrits.

Auffitôt que l'homme de recrue connoîtra le mécanifme de la charge en douze temps, on lui fera habituellement porter dans fa giberne, au moins fix cartouches de fable & à balles, afin qu'il acquière l'ufage de tirer la cartouche de la giberne, de la déchirer, d'amorcer, de renverfer la poudre dans le canon, & d'y faire entrer le papier, la balle & bourrer; on en fera également ufage dans la charge précipitée & dans la charge à volonté, qui va être prefcrite ci-après, & chaque homme de recrue doit être amené au point de charger & de tirer à volonté trois coups au moins par minute, & le quatrième chargé, l'arme fur l'épaule.

On placera dans la giberne les cartouches renverfées, la balle en haut, afin que le Soldat puiffe les prendre & les porter tout de fuite à la bouche fans être obligé de les retourner dans la main.

Les armes feront déchargées chaque jour en préfence des bas Officiers de la chambrée, qui en même temps reprendront les balles; les bas Officiers chargés des recrues, les recevront par compte, & les remettront de même par compte au Sergent-major.

A R T I C L E 6.

Réunion de trois files pour la Charge précipitée.

On réunira trois files que l'on exercera à la charge précipitée, qui fera divifée en quatre temps principaux.

Charge précipitée.

Avertiffement.

I.

Chargez — vos armes.

Exécuter le premier temps *de la charge,* découvrir le laffinet, prendre la cartouche, la déchirer & amorcer.

2.

Fermer le baffinet, paffer l'arme à gauche, mettre la cartouche dans le canon.

3.

Tirer la baguette, la mettre dans le canon & bourrer.

4.

Sortir la baguette, la remettre, & porter l'arme.

On montrera enfuite la *charge à volonté,* qui s'exécutera comme la *charge précipitée,* mais fans s'arrêter fur les quatre temps marqués ; on fera l'avertiffement, *charge précipitée,* ou *charge à volonté.*

On montrera enfuite l'exécution des *feux.*

Commandemens pour les feux.

1.

Bataillon ou demi-rang.

2.

Armes.

3.

Joue.

4.

Feu.

Ces commandemens s'exécuteront comme il eft prefcrit au *Titre XIV, articles 3 & 4.*

Lorfqu'on fera tirer les recrues à poudre, on les accoutumera en mettant le chien au repos, à obferver fi la fumée fort par la lumière, ce qui eft une indication fûre que le coup eft parti & qu'ils peuvent charger leurs armes.

Mouvemens de converfion par files.

1.

À droite,

ou

à gauche.

2. Par

2.

Par files à droite,

ou

à gauche.

3.

Marche.

Au premier commandement, on fera *à droite* ou *à gauche.*

. Le deuxième commandement ne fervira que d'avertiffement.

Au troifième commandement, les files feront un mouvement de converfion au pas, & dans la direction qu'indiquera le bas Officier, qui dans tous les mouvemens de converfion par files, conduira toujours l'homme de la droite ou de la gauche du premier rang, fuivant le flanc par lequel on marchera, en fe plaçant à côté de lui.

Lorfqu'on marchera par le flanc droit, les deux derniers rangs auront la tête à gauche, lorfqu'on marchera par le flanc gauche, ils auront la tête à droite.

On leur montrera à ouvrir & ferrer les rangs comme il fera prefcrit au *Titre VI, article 1.*[er]

On mettra les trois files fur un rang pour leur donner les principes d'alignemens & de converfion.

Commandemens pour l'alignement.

Alignement.

On s'alignera du côté vers lequel on aura la tête tournée.

À droite = alignement. .

Si on a la tête à gauche on la tournera vivement à droite & on s'alignera à droite.

À gauche = alignement.

Ayant la tête à droite, on la tournera brufquement à gauche & on s'alignera à gauche.

K

Sur le centre = alignement.

On tournera la tête vers le centre & on s'y alignera.

Principes d'alignement de pied-ferme.

Conferver la pofition du corps & de la tête, telle qu'elle a été donnée dans la première Inftruction, joindre l'homme qui eft à côté de foi, en ayant la plus grande attention à ne pas le ferrer; s'aligner à lui de manière à découvrir la fuperficie de la poitrine du Soldat dont on eft féparé; prendre l'alignement fucceffivement d'homme à homme, avec la plus grande vivacité.

Principes généraux des mouvemens de converfion.

Les mouvemens de converfion s'exécuteront toujours au pas de manœuvre; mais dans les premières leçons on en montrera les principes au pas ordinaire.

Auffitôt que le mouvement de converfion fera achevé, on fera le commandement *halte,* & auffitôt après, celui *à gauche = alignement,* ou *alignement;* on fera le commandement *en avant = marche,* pour reprendre le pas ordinaire.

Commandemens pour les mouvemens de converfion.

1.

Par peloton, { à droite,
     ou   {   ou
   fection.   { à gauche.

2.

Marche.

3.

Halte.

4.

Alignement, ou à gauche = alignement.

Au fecond commandement, prendre le pas de manœuvre, tourner brufquement les têtes vers l'aile qui marche, que conduira le bas Officier, en fuivre tous les mouvemens pour conferver l'alignement; céder aux mouvemens qui viendront du pivot, réfifter aux mouvemens qui viendront de l'aile marchante, fans cependant quitter le coude du côté du pivot. L'homme du pivot ne fera que tourner fur le talon gauche avec la tête vers l'aile marchante, pour ne tourner qu'à proportion du refte du rang; l'homme de l'aile marchante tournera la tête du côté du pivot.

Au troifième commandement, arrêter & tourner la tête *à droite.*

Au quatrième, s'aligner *à droite* ou *à gauche,* fuivant le commandement.

Dans les Écoles d'inftruction, on fera tourner long-temps fur le même pivot, pour bien faire connoître au Soldat les attentions particulières qu'exige le mouvement de converfion.

Lorfqu'il y aura plufieurs files inftruites, on réunira celles des différentes compagnies pour en former des pelotons; l'Officier chargé de veiller à l'inftruction, les exercera lui-même, ou les fera exercer par un des Officiers attachés aux recrues.

On attachera à ces pelotons, que l'on divifera autant que leur force le permettra, en deux fections, le nombre d'Officiers & bas Officiers néceffaire pour les conduire, pris parmi ceux qui ne feront point indifpenfablement employés à l'inftruction des hommes moins avancés.

On leur fera exécuter alors tout ce qui va être prefcrit au *Titre VII* de l'Inftruction des compagnies.

On pourra réunir deux de ces pelotons, mais jamais un plus grand nombre.

A R T I C L E 7.

De l'École des Tambours.

LE Tambour-major fera chargé de l'inftruction des Tambours, & en fera refponfable au Commandant du corps & à l'Officier fupérieur commandant chaque bataillon.

Le plus ancien Tambour de chaque bataillon, répondra de ceux de fon bataillon, fi les bataillons font féparés.

Cette Inftruction doit embraffer la tenue, la marche & la manière dont les Tambours doivent battre toutes les batteries réglées en 1754 pour l'Infanterie Françoife, & les règlemens particuliers envoyés aux régimens étrangers.

L'ufage des batteries eft prohibé dans les Écoles d'inftruction & dans les manœuvres, on ne s'en fervira même dans la marche en bataille que pour battre la charge, & lorfque cela fera expreffément ordonné.

T I T R E I V.

De la formation.

A R T I C L E P R E M I E R.

Formation des Régimens en bataille.

LES bataillons feront rangés dans l'ordre ci-après, de la droite à la gauche.

Premier.

Deuxième.

PLANCHE I,
fig. 1.

Ils feront toujours fur trois rangs.

L'intervalle entre les bataillons fera de fix toifes &
ne

ne fera augmenté que dans le cas où on placeroit plus de deux pièces de canon dans l'intervalle.

La diftance entre les rangs fera d'un pied, mefuré de la poitrine de l'homme du fecond & du troifième rang, au dos de fon chef-de-file.

Les files feront jointes bras à bras fans être gênées.

La baïonnette fera toujours au bout du canon.

ARTICLE 2.

Subdivifion du bataillon.

Un bataillon.

Deux demi-rangs.

Quatre Compagnies appelées Divifions.

Le demi-rang de droite fera compofé dans le premier bataillon, en commençant par la droite de la compagnie du premier factionnaire appelée *première divifion*, & de la compagnie Colonelle appelée *feconde divifion*.

Le demi-rang de gauche, en commençant par la droite de ce demi-rang, fera compofé de la compagnie du troifième factionnaire appelée *troifième divifion*, & de la compagnie du cinquième factionnaire appelée *quatrième divifion*.

Dans le fecond bataillon, le demi-rang de droite fera compofé en commençant par la droite, de la compagnie du fecond factionnaire appelée *première divifion*, & de la compagnie du quatrième factionnaire appelée *feconde divifion*.

Le demi-rang de gauche fera compofé en commençant à compter par la droite de ce demi-rang, de la compagnie Lieutenante-colonelle appelée *troifième divifion*, & de la compagnie du fixième factionnaire appelée *quatrième divifion*.

A R T I C L E 3.

Formation des compagnies de Grenadiers, des compagnies de Chasseurs & des compagnies de Fusiliers.

La compagnie de Grenadiers, la compagnie de Chasseurs, & toutes les compagnies de Fusiliers seront chacune formées par rang de taille de droite à gauche.

Le tiers formé des plus grands hommes dans chaque compagnie, composera le premier rang, le tiers composé des plus petits, formera le deuxième rang, l'autre tiers formera le troisième.

Les Caporaux de Grenadiers, de Chasseurs & de Fusiliers, à l'exception de ceux qui seront employés ci-après, seront également formés par rang de taille entr'eux; mais ils seront placés aux droites & aux gauches des sections, & de préférence aux premier & troisième rangs.

Chaque compagnie de Grenadiers, de Chasseurs ou de Fusiliers, formera deux pelotons & quatre sections.

Les pelotons dans chaque compagnie, seront désignés en commençant par la droite, par premier & second pelotons, & les sections seront désignées dans chaque compagnie, en commençant à compter par la droite par 1.re, 2.e, 3.e & 4.e sections.

La compagnie de Grenadiers sera placée à la droite du premier bataillon, mais ne fera point nombre dans les quatre divisions du bataillon.

La compagnie de Chasseurs sera placée à la gauche du second bataillon & ne fera point nombre dans les quatre divisions de ce bataillon.

ARTICLE 4.

Places des Officiers & des bas Officiers dans la compagnie de Grenadiers.

L E Capitaine-commandant à la droite du premier rang du premier peloton, ayant derrière lui au troifième rang le premier Sergent.

Le Capitaine en fecond, à la droite du fecond peloton, ayant derrière lui au troifième rang le fecond Sergent.

Officiers & bas Officiers de Serre-file, à deux pas du dernier rang.

Première Section.

Le premier Sous-lieutenant derrière la droite de la première fection.

Le Sergent-major derrière la gauche.

Seconde Section.

Le troifième Sergent derrière la droite.

Un Caporal derrière le centre.

Le premier Lieutenant derrière la gauche.

Troifième Section.

Le fecond Sous-lieutenant derrière la droite.

Un Caporal derrière la gauche.

Quatrième Section.

Le quatrième Sergent derrière la droite.

Un Caporal derrière le centre.

Le fecond Lieutenant derrière la gauche.

ARTICLE 5.

Places des Officiers & des bas Officiers dans la compagnie de Chasseurs.

Le Capitaine-commandant à la droite du premier rang du premier peloton de sa compagnie, ayant derrière lui au troisième rang le premier Sergent.

Le Capitaine en second à la droite du second peloton, ayant derrière lui au troisième rang le second Sergent.

Le second Lieutenant à la gauche du premier rang du second peloton, ayant derrière lui au troisième rang un Caporal.

Officiers & bas Officiers de Serre-file, à deux pas du dernier rang.

Première Section.

Le premier Sous-lieutenant derrière la droite.

Le Sergent-major derrière la gauche.

Seconde Section.

Le troisième Sergent derrière la droite, un Caporal derrière le centre.

Le premier Lieutenant derrière la gauche.

Troisième Section.

Le second Lieutenant derrière la droite.

Le quatrième Sergent derrière la gauche.

Quatrième Section.

Le cinquième Sergent derrière la droite.

Un Caporal derrière le centre.

Un autre Caporal derrière la gauche.

ARTICLE 6.

ARTICLE 6.

Place des Officiers & des bas Officiers dans les compagnies de Fusiliers.

LE Capitaine-commandant à la droite du premier rang du premier peloton de fa compagnie ou divifion, ayant derrière lui au troifième rang le fecond Sergent.

Le Capitaine en fecond à la droite du premier rang du fecond peloton, ayant derrière lui au troifième rang le troifième Sergent.

Officiers & bas Officiers de Serre-file, à deux pas du dernier rang.

Première Section.

Le premier Sous-lieutenant derrière la droite.

Le Sergent-major derrière la gauche.

Seconde Section.

Le quatrième Sergent derrière la droite.

Un Caporal derrière le centre.

Le premier Lieutenant derrière la gauche.

Troifième Section.

Le fecond Sous-lieutenant derrière la droite.

Un Caporal derrière la gauche.

Quatrième Section.

Le cinquième Sergent derrière la droite, un Caporal derrière le centre.

Le fecond Lieutenant derrière la gauche.

Dans la compagnie ou divifion de la gauche du premier bataillon, il y aura de moins en ferre-file le fecond Lieutenant & le Caporal ferre-file du centre de

M

la feconde fection, qui fe placeront, le fecond Lieutenant à la gauche du premier rang du bataillon, & le Caporal à la gauche du troifième.

On fuivroit la même règle dans la quatrième divifion du fecond bataillon, fi la compagnie de Chaffeurs fe trouvoit détachée.

A R T I C L E 7.

Compofition du peloton deftiné à la garde du Drapeau.

CHAQUE drapeau aura pour fa garde dans chaque bataillon, le premier Sergent de chacune des quatre compagnies de Fufiliers, & les deux plus anciens Caporaux de chacune de ces mêmes compagnies.

Le Cadet-gentilhomme de chaque compagnie de Fufiliers, pourra cependant fuppléer le fecond Caporal, lorfque le Commandant du régiment le jugera fuffifamment inftruit.

Le Cadet-gentilhomme attaché à la compagnie de Grenadiers, & celui qui fera attaché à la compagnie de Chaffeurs, ne quitteront jamais leur compagnie.

Le premier rang du peloton du drapeau, fera compofé du Porte-drapeau & de trois Sergens : le fecond & le troifième rang, feront compofés chacun de quatre Caporaux.

Lorfqu'un ou plufieurs Cadets-gentilshommes feront employés à la garde du drapeau, ils feront placés à la droite & à la gauche du fecond & du troifième rang : le Sergent de la compagnie Colonelle dans le premier bataillon : le Sergent de la compagnie Lieutenante-colonelle dans le fecond, feront placés en ferre-file derrière la file du drapeau.

ARTICLE 8.

Position du peloton du Drapeau.

LE peloton destiné à la garde du drapeau blanc, sera placé à la gauche, & faisant partie de la troisième section de la compagnie Colonelle ou seconde division du premier bataillon, & le Porte-drapeau au premier rang de la seconde file, en commençant à compter par la droite.

Le peloton destiné à la garde du drapeau du second bataillon, sera placé à la droite, & faisant partie de la seconde section de la compagnie Lieutenante-colonelle, & le Porte-drapeau sera placé au premier rang de-la troisième file de ce peloton, en commençant à compter par la droite.

Afin que la compagnie Colonelle & la compagnie Lieutenante-colonelle ne soient pas composées d'un plus grand nombre de files que les autres divisions, les quatre files excédant seront réparties dans la totalité du bataillon, ainsi qu'il sera détaillé au *Titre V, article 1.er*

ARTICLE 9.

Place des Officiers supérieurs.

LE Colonel-commandant à cheval, à vingt pas derrière le centre du régiment, pour se porter par-tout où sa présence sera nécessaire.

Le Colonel en second à pied, six pas en avant du centre du premier bataillon, lorsque le bataillon sera de pied-ferme, & à deux pas en avant du drapeau en marchant en bataille.

Le Lieutenant-colonel à pied, six pas en avant du centre du second bataillon, lorsque le bataillon sera de pied-ferme, & à deux pas en avant du drapeau, en marchant en bataille.

Ils monteront à cheval dans les évolutions, & toutes les fois que le bataillon sera en colonne.

Le Major à cheval, à la gauche du Colonel-commandant ou du Commandant du régiment.

Place de l'Adjudant.

L'Adjudant se tiendra à portée du Colonel-commandant, ou du Commandant du régiment pour recevoir ses ordres.

ARTICLE 10.

Remplacemens des Officiers.

DANS chaque bataillon, le remplacement se fera de grade à grade, de manière que si le Colonel en second se trouvoit absent, ou commander le régiment, le plus ancien Capitaine du premier bataillon en prendroit le commandement; ainsi de suite jusqu'au dernier remplacement, tant des Officiers que des bas-Officiers, qui se fera seulement dans chaque compagnie.

Le plus ancien Capitaine du second bataillon prendra de même le commandement de ce bataillon en l'absence du Lieutenant-colonel.

Le Capitaine de Grenadiers & le Capitaine de Chasseurs, prendront à leur tour d'ancienneté, le commandement du bataillon auquel ils sont attachés, lorsque leur compagnie sera au bataillon; mais toutes les fois que leur compagnie sera détachée, ils quitteront le commandement du bataillon pour suivre la destination de leur compagnie.

Le Major ne prendra le commandement d'un bataillon que par l'ordre particulier du Commandant du régiment.

Il prendra le commandement du régiment en l'absence du Colonel-commandant, du Colonel en second & du Lieutenant-colonel.

ART. 11.

ARTICLE II.

Place des Tambours.

LES Tambours feront placés fur deux rangs, à quinze pas des Serre-files, derrière la feconde fection de la feconde divifion, dans le premier bataillon.

Derrière la troifième fection de la troifième divifion, dans le fecond bataillon.

La Mufique fera fur la droite des Tambours du premier bataillon, auquel fera attaché le Tambour-major.

TITRE V.

De la Marche des compagnies au lieu d'affemblée de leur bataillon, & du détachement pour aller chercher les · Drapeaux.

ARTICLE PREMIER.

De l'Affemblée des compagnies au quartier.

LORSQUE toute la garnifon d'une Place ou d'un Quartier, devra prendre les armes, tous les Tambours battront *la générale ;* mais s'il n'y a qu'un régiment ou qu'un bataillon qui doive prendre les armes, les Tambours du régiment ou du bataillon rappelleront devant leur quartier.

A ce fignal, chaque bas Officier fera fortir le plus promptement poffible, & dans le plus grand filence, les Soldats de fa chambrée, qu'il conduira au rendez-vous de fa compagnie, où fe trouveront le Sergent-major, & les autres Sergens pour former la compagnie à rangs ouverts, & fuivant leur rang de taille.

N

Le contrôle par rang de taille, fera fait tous les trois mois, afin que chaque Soldat fache la place qu'il doit occuper dans fa compagnie, & qu'il puiffe venir au premier inftant dans fon rang & dans fa file.

Les Officiers fe trouveront en même temps au rendez-vous de leur compagnie.

Le Capitaine-commandant, après s'être fait rendre compte s'il n'y manque perfonne, en fera l'infpection & fe fera aider, s'il le juge à propos, par le Lieutenant & le Sous-lieutenant de fon premier peloton, & par le Capitaine en fecond, le Lieutenant & le Sous-lieutenant dans le fecond peloton de fa compagnie, qui fe chargeront chacun d'un rang, pour examiner s'il ne manque rien à l'habillement, à l'armement & à l'équipement.

S'ils trouvent quelque chofe qui ne foit pas en ordre, ils puniront, en en rendant compte fur le champ au Capitaine-commandant, les bas Officiers qui doivent répondre à toute heure des efcouades qui leur font confiées, & en avoir fait l'infpection dans les chambrées.

Si, l'infpection finie, le Capitaine s'apercevoit que les Officiers euffent négligé de lui rendre compte de ce qu'ils auroient trouvé de repréhenfible dans leur infpection, il les puniroit & en rendroit compte, en même temps que de fon infpection, à l'Officier fupérieur de fon bataillon & au Major.

L'infpection étant faite, le Capitaine-commandant fera porter les armes, fera ferrer les rangs, fera porter l'arme au bras, comptera les files, divifera fa compagnie en deux pelotons & quatre fections, diftribuera fes Officiers & bas Officiers, en fe conformant au *Titre IV, articles 4, 5* ou *6, de la formation*; il parcourra l'étendue de fa compagnie, pour connoître le nombre de pas qu'elle contient de front, & la conduira enfuite au rendez-vous du bataillon, en la faifant rompre par fections, par peloton, ou en marchant par le front de la compagnie entière, fuivant le terrein par lequel elle devra paffer, fuivant le côté vers lequel fe trouvera le lieu du rendez-vous du bataillon.

La compagnie marchera en fe conformant à ce qui eft prefcrit au *Titre IX, de la marche en colonne.*

Le premier Sergent & les deux Caporaux, ou le premier Caporal & le Cadet-gentilhomme, deftinés à la garde du drapeau, fe placeront à la file gauche de la quatrième feétion.

Lorfque la compagnie approchera du lieu de l'affemblée de fon bataillon, les bas Officiers deftinés à la garde du drapeau, iront fe placer derrière la compagnie Colonelle ou Lieutenante-colonelle, & y attendront que la divifion du bataillon foit faite, pour prendre leur place dans la feétion dont ils devront faire partie.

Le Capitaine-commandant conduira fa compagnie & la formera à rangs ferrés fur le terrein qu'elle devra occuper. En arrêtant fur l'alignement du bataillon, la compagnie portera les armes.

La compagnie alignée, le Capitaine-commandant lui fera porter l'arme au bras.

Auffitôt que les compagnies feront arrivées au lieu de l'affemblée du bataillon, chaque Capitaine-commandant ira rendre compte de fon infpeétion, & du nombre de files qu'il aura fous les armes, à l'Officier fupérieur de fon bataillon, qui devra fe trouver, ainfi que le Major, au moment de l'arrivée des compagnies.

Cet Officier fupérieur ordonnera, en conféquence du compte qui lui fera rendu, de la force des compagnies, de quel nombre de files devra être compofée chaque divifion, en obfervant, pour qu'elles foient égales, autant qu'il fera poffible, d'ajouter au nombre de la totalité des files du bataillon, les quatre files de Sergens & de Caporaux destinés à la garde du drapeau.

Aussitôt que la force de chaque division aura été déterminée, le Capitaine-commandant de la première division, comptera promptement, par la droite, le nombre de files dont sa division devra être composée, ce qui sera continué par chaque Capitaine-commandant, jusqu'à la gauche du bataillon.

Chaque Capitaine-commandant divisera sa division en deux pelotons & quatre sections, en commençant à compter par la droite, de manière que chaque Soldat sache de quelle division, de quel peloton, de quelle section il fait partie, & quel est le numéro de sa file, en comptant de la droite de sa section.

Le Capitaine fera aussi la distribution des Officiers & bas Officiers, en se conformant à ce qui a été prescrit au *Titre IV, articles 3, 4, 5* ou *6, de la formation.*

Le Commandant du régiment se trouvera au lieu de l'assemblée, & à l'arrivée des compagnies, pour y recevoir le compte que lui rendront les Officiers supérieurs de chaque bataillon & le Major. Il fera, ou fera faire par l'Officier supérieur de chaque bataillon, une inspection générale, s'il le juge à propos; dans ce cas, l'Officier supérieur fera ouvrir les rangs à chaque bataillon, en se conformant à ce qui est prescrit au *Titre VI, article 1.er*

Le Capitaine-commandant de chaque compagnie ou division, accompagnera l'Officier supérieur à mesure qu'il passera dans les rangs de sa compagnie.

Si l'Officier supérieur, en faisant son inspection, s'appercevoit que le Capitaine-commandant eût négligé de lui rendre compte de ce qu'il auroit trouvé de répréhensible dans son inspection, il le puniroit & en rendroit compte en même temps que de son inspection au Colonel-commandant, ou au Commandant du régiment.

A R T I C L E 2.

ARTICLE 2.

Du détachement qui devra aller chercher les Drapeaux.

LORSQUE les compagnies se mettront en marche pour se rendre au lieu d'assemblée de leur bataillon, on ira chercher les drapeaux.

Composition du détachement qui devra aller chercher les Drapeaux.

LE Tambour-major, la Musique, la moitié des Tambours.

Un peloton de Grenadiers, ou un peloton de Chasseurs, ou en cas que ces compagnies fussent détachées, un peloton de Fusiliers à tour de rôle,

Les deux Porte-drapeaux.

ARTICLE 3.

Disposition du détachement pour aller chercher les Drapeaux.

LE peloton de Grenadiers, de Chasseurs ou de Fusiliers, rompus par section.

Le Capitaine-commandant ou le Capitaine en second à la tête, deux pas en avant, les autres Officiers ou les bas Officiers à leur poste ordinaire.

Les Porte-drapeaux, à côté l'un de l'autre, entre les deux sections.

Deux pas en avant du Capitaine, les Tambours sur un rang.

Deux pas en avant des Tambours, la Musique sur un rang.

Deux pas en avant de la Musique, le Tambour-major.

A R T I C L E 4.

Marche du Détachement.

Le détachement marchera dans cet ordre, au commandement du Chef, l'arme au bras, fans bruit de caiffe ni de mufique.

Arrivé au lieu où feront les drapeaux, le détachement arrêtera & portera les armes en faifant *halte.*

La Mufique fe placera fur la droite, les Tambours fur la gauche de la porte d'entrée.

Le Commandant du détachement le formera en bataille vis-à-vis la porte.

Le Lieutenant du détachement, les Porte-drapeaux & deux Sergens iront chercher les drapeaux.

Lorfqu'enfuite les Porte - drapeaux fortiront avec les drapeaux, fuivis par le Lieutenant & les deux Sergens, ils s'arrêteront en dehors de la porte vis-à-vis le détachement, auquel le Commandant du détachement fera préfenter les armes; en même-temps les Tambours ou la Mufique battront ou joueront *le drapeau.*

Le Commandant du détachement fera enfuite ceffer de battre, fera porter les armes & fera rompre le détachement par fection.

Les Porte-drapeaux iront fe placer dans l'intervalle des deux fections.

Le Tambour-major, la Mufique & les Tambours iront reprendre leur place à la tête du détachement: le Commandant du détachement commandera *en avant ═ marche.* A ce commandement, les Tambours battront *au drapeau* jufqu'au lieu où fera affemblé le régiment ou le bataillon.

ARTICLE 5.

De l'arrivée des Drapeaux à la tête du Régiment.

A l'arrivée des drapeaux, les bataillons étant à rangs ferrés, l'Officier supérieur de chaque bataillon fera porter les armes.

Lorfque les drapeaux ne feront plus qu'à vingt pas de la droite ou de la gauche de la troupe, felon le côté par lequel ils viendront, l'Officier supérieur commandera:

Préfentez = vos armes.

Le bataillon préfentera les armes.

Les Porte-drapeaux fileront enfuite feuls devant le front du bataillon à huit pas du premier rang.

A mefure que les drapeaux pafferont devant le centre de leur bataillon, ils s'arrêteront, lui feront face, ils feront falués par l'Officier supérieur du bataillon.

Le Porte-drapeau ira auffitôt après prendre au centre du bataillon la place qui lui a été affignée au *Titre de la formation.*

Le peloton de Grenadiers, de Chaffeurs ou de Fufiliers qui aura efcorté les drapeaux, ira promptement prendre fon pofte dans fon bataillon, en paffant derrière la troupe.

A mefure que chaque drapeau fera placé à fon bataillon, le Commandant du bataillon fera le commandement:

Portez = vos armes.

Le bataillon portera les armes.

Les Porte-drapeaux porteront alors le drapeau au bras droit.

Lorfque le régiment fera en marche pour rentrer

dans fon quartier, les drapeaux feront reconduits dans le même ordre & avec la même efcorte qui les aura conduits au régiment. Les bas Officiers de la garde du drapeau ne rentreront à leur compagnie qu'à l'inftant où les compagnies fe diviferoient fi elles logeoient dans des quartiers différens; ils refteront au contraire à la divifion à laquelle eft attachée la garde du drapeau jufqu'à ce que le bataillon foit arrivé, fi le bataillon eft logé dans le même quartier.

TITRE VI.

Manœuvres de détail.

ARTICLE PREMIER.

Ouvrir & ferrer les rangs de pied-ferme.

LA diftance des rangs ouverts de pied-ferme fera de quatre pas.

Lorfqu'un régiment étant en bataille fur trois rangs ferrés, on voudra les faire ouvrir, on commandera:

1.

En arrière = ouvrez vos rangs.

2.

Marche.

Au premier commandement, l'homme de la droite & de la gauche du fecond & du troifième rang de toute troupe réunie jufqu'à un bataillon inclufivement, reculera, l'un à quatre pas, l'autre à huit pas de deux pieds, pour régler la diftance des rangs.

Au fecond commandement, le premier rang ne bougera pas, le deuxième & le troifième fe reculeront brufquement & fans compter les pas pour s'aligner fur l'homme placé à la droite de leur rang.

Pour

Pour ferrer les rangs on commandera:

I.

Serrez vos rangs.

2.

Marche.

Au fecond commandement, le premier rang ne bougera pas, & les deux derniers ferreront brufquement fur le premier.

Soit en ouvrant les rangs, foit en les ferrant, tous les Officiers & les bas Officiers fuivront toujours le mouvement de la troupe.

ARTICLE 2.

De la Contre-marche.

ELLE s'exécutera au plus, par divifion, toujours par la droite, au pas de manœuvre & en paffant derrière le troifième rang.

On commandera:

I.

Contre-marche.

2.

À droite.

3.

Marche.

Au premier commandement, le Serre-file le plus près de la gauche fe placera à côté de l'homme de la gauche du dernier rang, pour marquer la place que doit venir occuper l'homme de droite du premier.

Au fecond commandement, tout fera *à droite.*

Au troifième commandement, la première file devenue rang, fera *la demi-converfion à droite,* toutes les autres viendront paffer fur le terrein qu'occupoit la première.

P

La droite étant arrivée au point qu'occupoit la gauche, marquée par le Serre-file, on commandera : *halte, front alignement*, ou *à gauche══alignement*, pour faire face par le premier rang, & le Serre-file retournera à sa place.

A R T I C L E 3.

Rompre & former la division & le peloton en marchant.

POUR rompre la division, le Capitaine-commandant commandera :

1.

En avant, rompez la division.

2.

Marche.

Au premier commandement, le chef du second peloton se portera au centre de son peloton, & le chef de la division qui étoit au centre de la division, au centre du premier peloton.

Au deuxième commandement, le deuxième peloton marquera le pas pour se déboîter, le premier marchera obliquement à gauche pour passer devant le deuxième qui marchera obliquement à droite au commandement;

Oblique à droite══marche.

de son chef, pour se mettre derrière le premier; les files des ailes étant dans la même direction, le chef de chaque peloton commandera :

En avant══marche.

Pour former la division, on commandera :

1.

Formez la division.

2.

Marche.

Au second commandement, qui sera répété par le chef du second peloton, le premier peloton marchera obliquement à droite, le second obliquement à gauche.

Dès que le fecond fera près d'être démafqué par le premier, le chef du premier peloton commandera :

En avant ⹀ *marche,*

en même-temps que le chef du fecond peloton commandera à fon peloton,

Pas de manœuvre ⹀ *marche,*

pour le porter à côté du premier & en reprendre le pas au commandement,

Pas ordinaire ⹀ *marche,*

que lui fera fon chef, qui en même-temps fe replacera à la droite de fon premier rang, & le chef de la divifion au centre de la divifion.

Les chefs de peloton auront attention en faifant leurs commandemens, foit pour rompre, foit pour former les divifions, que les commandemens d'avertiffement foient prononcés affez à temps pour que les commandemens, *Marche,* qui déterminent l'exécution, foient faits précifément à l'inftant où ils doivent être exécutés.

Pour rompre le peloton, on commandera :

1.

En avant, rompez le peloton.

2.

Marche.

Au premier commandement, l'Officier de ferre-file, le plus près de la gauche de la deuxième fection, paffera en avant d'elle pour la conduire ; les deux fections fe conformeront à ce qui vient d'être prefcrit ci-deffus pour le premier & le deuxième peloton en rompant la divifion.

Pour former le peloton, on commandera :

1.

Formez le peloton.

2.

Marche.

Les deux fections exécuteront ce qui vient d'être prefcrit pour le premier & le deuxième peloton, en formant la divifion.

L'Officier de ferre-file qui aura commandé la feconde des deux fections, retournera à fa place après avoir fait fon dernier commandement.

Dans ces exemples, on fuppofe une divifion ou peloton faifant partie d'une colonne qui a fa droite en tête.

Une divifion ou peloton faifant partie d'une colonne qui auroit fa gauche en tête, exécuteroit les mêmes mouvemens, mais en rompant la divifion ou le peloton, le premier peloton ou la première des deux fections doubleroient derrière le fecond peloton ou la feconde des deux fections, & en formant la divifion ou le peloton, le premier peloton ou la première des deux fections feroient démafqués par le deuxième peloton, ou par la feconde des deux fections.

TITRE VII.

Inftruction particulière des Compagnies.

A R T I C L E P R E M I E R.

Des Commandemens.

O N accoutumera les Officiers de tous les grades à n'avoir qu'un ton de commandement pour toutes les circonftances, & ce ton fera de toute l'étendue de la voix.

Cette

Cette règle ne souffrira d'exception que dans les écoles particulières, où les Officiers & bas Officiers qui feront employés à former un petit nombre d'hommes à la fois, proportionneront l'élévation de leur voix dans le commandement, au petit nombre d'hommes qu'ils auront à inftruire, en obfervant cependant de fe conformer d'ailleurs à ce qui va être prefcrit ci-après pour les commandemens.

Tous les commandemens d'avertiffement ou d'exécution qui, par la quantité de mots dont ils feront compofés, ne permettront pas qu'on puiffe les prononcer de fuite, feront coupés en deux ou trois parties fuivant leur longueur; on prononcera diftinctement toutes les fyllabes de la première ou des deux premières parties; mais on prononcera d'un ton ferme, bref & élevé, la dernière fyllabe de tous les avertiffemens ou commandemens.

A R T I C L E 2.

Devoirs du Capitaine.

LA force de l'Infanterie ne pouvant exifter que par l'exactitude de chaque Officier, bas Officier ou Soldat, foit dans fa pofition, foit dans la célérité de l'alignement, foit dans l'enfemble & la régularité de la marche, foit dans la vîteffe de la charge, foit dans la vivacité & la jufteffe du feu; enfin par le filence, l'attention & la plus prompte obéiffance; le Commandant de compagnie ne fouffrira dans fes Officiers, bas Officiers & Soldats, nulle négligence fur aucune de ces parties effentielles.

Sa Majefté convaincue encore que c'eft moins par la multiplicité des exercices, que par l'exactitude de la difcipline, que fes Troupes peuvent ajouter à la fupériorité de courage, la fupériorité dans les évolutions : Elle ordonne que les plus petites fautes fous les armes ne reftent point impunies, & que le Capitaine-commandant

Q

soit personnellement responsable de celles qu'il auroit négligé de punir.

. Les Officiers supérieurs seront présens à l'exercice des compagnies.

Le Capitaine-commandant répondra personnellement de l'instruction de sa compagnie ; il l'exercera lui-même en totalité, ou en fera exercer séparément devant lui les subdivisions, par les Officiers de sa compagnie, suivant l'ordre qui en aura été donné par le Commandant du régiment, ou en son absence par l'Officier supérieur.

Tout Officier, de quelque grade qu'il puisse être, qui ne sera pas en état d'instruire & de commander sa troupe, sera remplacé par celui qui le suivra immédiatement , & gardera le silence jusqu'à ce que, après avoir été instruit de nouveau à l'école des recrues où il sera renvoyé, l'Officier supérieur de son bataillon, sur le compte qu'il en rendra au Commandant du régiment, l'ait rétabli dans ses fonctions.

Dans le cas où un Officier renvoyé à l'école des recrues, se trouveroit plus ancien que celui qui commanderoit cette école, le Commandant du régiment y fera trouver un Officier qui par son grade ou son ancienneté soit dans le cas de le commander.

A R T I C L E 3.

De l'alignement, de la charge & des feux.

Si la compagnie doit exercer sans poudre, chaque homme aura dans sa giberne, six cartouches de sable & à balles, que le Commandant de la compagnie fera employer, ainsi qu'il est prescrit au *Titre III, article 5, de l'instruction des recrues*, soit dans la charge en douze temps, soit dans la charge précipitée, soit dans la charge à volonté, soit en faisant le simulacre des feux.

Si la compagnie doit exercer à poudre, on ne portera point de cartouches de fable.

La compagnie étant arrivée fur le terrein où elle devra exercer, le Capitaine-commandant fera ouvrir les rangs, comme il eft dit au *Titre VI, article 1.er*

Le Capitaine - commandant nommera deux de fes Officiers pour veiller fur le deuxième & le troifième rang, & en rectifier l'alignement; ils auront attention de fe placer toujours du côté où le Soldat aura la tête tournée.

On exercera les Soldats à s'aligner très-promptement, & pour cet effet on changera la direction des premières files du premier rang.

On alignera les deuxième & troifième rangs paralèllement au premier.

Après avoir pris quelques alignemens, pour voir les Soldats plus en détail, on pourra faire préfenter les armes, fe repofer deffus, les pofer à terre, les relever, les porter, ôter la baïonnette, paffer l'arme fous le bras gauche, porter les armes & remettre la baïonnette au bout du canon.

On fera ferrer les rangs & exécuter la charge en douze temps, la charge précipitée, & la charge à volonté, ainfi que les feux.

Attentions du Commandant de compagnie en exerçant de pied-ferme.

Le Commandant de compagnie obfervera que le Soldat prenne fon alignement avec la plus grande vivacité, qu'il joigne bras à bras l'homme qui eft à côté de lui, fans le gêner, qu'il conferve exactement la pofition qui lui aura été donnée dans fa première inftruction.

Dans la charge en douze temps, il examinera fcrupuleufement le Soldat, fur les pofitions, fur la vivacité de l'exécution de chaque temps, & fur l'immobilité après chaque temps.

Dans la charge précipitée il examinera le Soldat sur la pofition des quatre temps principaux.

Dans la charge à volonté il fera exercer avec les recrues le Soldat qui, faute d'inftruction finiroit habituellement le dernier, ou qui ne chargeroit pas fon arme exactement; il en ordonnera au contraire fur le champ la punition fi c'eft par négligence ou par mauvaife volonté.

Le Capitaine fera exécuter par commandement le feu de bataillon & de demi-rang, la compagnie repréfentera alors le bataillon, & le peloton le demi-rang; dans ces feux, il examinera l'emboîtement, mettra entre le commandement *armes*, & le commandement *joue*, le temps fuffifant pour que le Soldat ait armé; obligera le Soldat à vifer en couchant en joue, & à ne regarder que l'objet qui fe trouvera au bout de fon canon, & qu'il devra choifir à hauteur d'homme.

Il fera fouvent le commandement, *retirez = vos armes*, fans avertiffement, & après avoir commandé *joue*, le commandement *feu*, auffi fans avertiffement, examinant ou faifant examiner par les ferre-files fi le chien eft abattu après ce commandement, ou fi le Soldat a tiré lorfqu'on aura fait celui, *retirez = vos armes*. Après s'être affuré par l'exécution des feux commandés, de l'exactitude des pofitions, il fera exécuter le feu des files prefcrit au *Titre XIV*, comme le feu qu'on emploiera le plus ordinairement.

Dans tous les exercices de détail, les chiens feront garnis en bois.

Si après avoir exercé en détail par compagnie, les compagnies ou le régiment doivent exercer à poudre, les chiens ne feront armés de pierres que lorfque le détail fera fini.

Lorfque les chiens feront armés de pierres, on aura foin que les angles en foient arrondis.

Tous

Tous ces objets feront partie de l'infpection que le Commandant doit faire de fa troupe avant de fortir du quartier.

En ramenant fa compagnie au quartier, le Commandant fera également l'infpection pour retirer les cartouches qui n'auront pas été employées.

Le bas Officier de chaque chambrée fera décharger les armes, & retirera les balles fi on a exercé avec des cartouches de fables à balles.

Les balles doivent être foigneufement retirées & confiées au foin du Sergent-major, qui répondra perfonnellement de leur confervation.

Il les diftribuera par compte & fe les fera remettre de même à la fin de chaque exercice, par le bas Officier de chaque chambrée ou par le bas Officier attaché aux recrues, lorfqu'il en aura diftribué pour cet objet. Le Commandant & les Officiers de chaque compagnie furveilleront le Sergent-major fur cet article effentiel.

ARTICLE 4.

De la Marche.

DANS la marche en avant, les compagnies qui doivent être divifions de droite dans le bataillon, tourneront la tête à gauche, les compagnies qui doivent être divifions de gauche, auront la tête à droite; elles obferveront l'inverfe lorfqu'elles marcheront par le dernier rang.

Le Capitaine-commandant nommera un Officier ou un bas Officier, pour remplir à la droite ou à la gauche de la divifion fuivant que les têtes devront être tournées à droite ou à gauche, les mêmes fonctions que remplit le drapeau au centre du bataillon dans la marche en bataille.

Cet Officier ou bas Officier en aura un autre derrière

lui pour le remplacer au premier rang lorsqu'au commandement *en avant,* il se portera en avant pour marquer le pas; cet Officier ou bas Officier qui figurera le drapeau, se placera à quatre pas seulement en avant du premier rang.

Le Commandant indiquera à l'Officier ou bas Officier qui marchera en avant, le point de vue qui devra servir de direction dans la marche, celui qui marchera derrière lui, aura attention que le point de vue lui soit toujours caché.

L'Officier ou bas Officier qui marchera en avant, choisira entre le point indiqué & lui-même, des points intermédiaires pour marcher droit.

> Au commandement, *marche,* la division se portera en avant, en tournant la tête à gauche si elle fait partie du demi-rang de droite du bataillon, & en se conformant exactement à la direction & à l'alignement du bas Officier qui sera à l'aile de la division.

Attentions du Capitaine-commandant dans la Marche en avant.

Le Capitaine-commandant doit avoir attention que le point de vue qu'il aura indiqué, soit continuellement observé :

Que la totalité du rang pousse le corps en avant; que les épaules ne tournent ni à droite ni à gauche; que les files soient jointes bras à bras, & sans être gênées; que les derniers rangs conservent toujours la distance d'un pied qui doit les séparer de leur chef-de-file; que le pas soit constamment de la longueur & de la vîtesse ordonnées.

Si dans un terrein difficile, le Soldat perd le pas, il doit le reprendre sur le champ, & ne point perdre de vue celui qui le marque.

Le Capitaine-commandant doit se porter par-tout, &

de préférence du côté où fa divifion aura la tête tournée ; il marquera le pas lui-même de temps en temps.

Il fera refter fa troupe en mouvement fans avancer, par le commandement, *marquez le pas*, il lui commandera enfuite, *en avant = marche*, pour la faire marcher en avant.

Il fera quelquefois raccourcir ou ralentir le pas, plus fouvent alonger ou preffer, afin d'accoutumer le Soldat à fe conformer avec la plus grande exactitude à la vîteffe de celui qui marque le pas.

Il ne fouffrira aucune négligence, ordonnera fur le champ la punition de tout homme inattentif; il exercera fa troupe dans toute efpèce de terrein.

Il remédiera aux plus petits défauts dans l'alignement, & fera tous fes commandemens d'un ton ferme, bref, & de toute l'étendue de fa voix.

Attentions dans la Marche oblique.

Il déterminera lui-même l'obliquité de la marche, exigera que la divifion entière appuie en même temps à droite ou à gauche, que les épaules reftent carrément.

Il prendra garde, fur-tout, que l'épaule oppofée au côté (vers lequel on appuie), n'avance hors du rang, que les files reftent jointes bras à bras, mais fans être gênées du côté de l'alignement.

Il fera quitter le point de vue dès que la marche oblique commencera & en indiquera un autre dès qu'il fera le commandement *en avant = marche*.

Il fera marcher tous les différens pas, ainfi qu'il a été prefcrit au *Titre III, articles 2 & 3, de l'inftruction des recrues.*

Attentions dans la Marche de flanc.

Il obfervera qu'elle s'exécute au pas ordinaire & au

pas de manœuvre, que toutes les files partent en même temps, en pouſſant le corps en avant au commandement *marche*, & que chaque homme conſerve toujours cette impulſion ; il ne ſouffrira point d'alongement entre les files. Il obſervera que le premier homme du flanc par lequel on marchera, Fuſilier, bas Officier ou Officier, ſoit toujours conduit par le chef de la ſubdiviſion, qui ſe placera au côté gauche de ce premier homme ſi on marche par le flanc droit, au côté droit de ce premier homme ſi on marche par le flanc gauche.

Il fera marcher alternativement par le flanc droit & par le flanc gauche.

Attentions dans les mouvemens de converſion par files.

Il obſervera que la première file ſuive exactement l'Officier placé à côté d'elle, que chaque file tourne ſans arrêter.

Il fera exécuter à la diviſion le paſſage de l'obſtacle, en ſe conformant, pour les commandemens & l'exécution, à ce qui ſera preſcrit au *Titre XI, article 8, de la marche en bataille.*

Après avoir fait marcher ſa diviſion en bataille par le premier & par le dernier rang, il la fera rompre par peloton ou par ſection, & marcher en colonne ; reformer en bataille, rompre & former les pelotons, rompre & former la diviſion ; étant en colonne par ſections, ſerrer à demi-diſtance, ſerrer en maſſe & déployer. Enfin il exercera ſa diviſion à tout ce qu'elle devra exécuter dans le bataillon, en ſe conformant, ainſi que ſes Officiers, pour les commandemens & l'exécution, à tout ce qui eſt ou ſera preſcrit ci-après aux Titres *des manœuvres de détail, des manœuvres & des feux.*

TITRE VIII.

TITRE VIII.

Des différentes manières de rompre le Régiment.

ARTICLE PREMIER.

Règle générale pour les commandemens d'une ligne en bataille.

SI plusieurs régimens exercent ou manœuvrent ensemble, le Commandant en chef, ou celui qu'il aura particulièrement chargé de ses ordres, fera à l'Officier supérieur attaché au bataillon le plus près de lui, les avertissemens & les commandemens d'exécution de tous les mouvemens; l'Officier supérieur de chaque bataillon de la ligne les répétera sans retard.

Le Colonel-commandant ou le Commandant de chaque régiment, ne répétera ni les avertissemens, ni les commandemens d'exécution qui doivent passer directement du Commandant en chef, à l'Officier supérieur commandant chaque bataillon.

Si c'est un régiment qui exerce seul, le Colonel-commandant ou le Commandant du régiment fera, sans pouvoir s'en dispenser, tous les avertissemens & les commandemens d'exécution, qui seront de même répétés par les Officiers supérieurs de chaque bataillon, aussi promptement que s'ils devoient exécuter eux-mêmes le commandement du Commandant en chef, ou celui du Commandant du régiment.

Soit que plusieurs régimens exercent ensemble, soit qu'un régiment exerce seul, le Colonel-commandant ou le Commandant de chaque régiment, ainsi que le Major, veilleront sur l'exécution des mouvemens ordonnés, & se porteront dans toute l'étendue du régiment, par-tout où leur présence pourra être nécessaire.

S

TITRE VIII. ART. 1.er

Le Major & l'Adjudant se tiendront cependant toujours le plus à portée qu'il sera possible du Colonel-commandant ou du Commandant du régiment, pour recevoir & porter ses ordres.

Toutes les fois que le commandement général ne pourra être entendu par la totalité d'une ligne, les Officiers supérieurs de chaque bataillon se conformeront le plus promptement qu'il sera possible, aux mouvemens qu'ils verront exécuter à leur droite ou à leur gauche, suivant le point d'où partira le mouvement.

ARTICLE 2.

Des différentes manières de rompre.

ON se rompra toujours au pas de manœuvre, & toujours par le premier rang.

On se rompra par division, par peloton ou par section.

On se rompra cependant plus habituellement par peloton, quelquefois par division, & par section dans les cas de nécessité.

On rompra à droite pour marcher par la droite, on rompra à gauche pour marcher par la gauche.

PLANCHE I.re *fig.* 2.

Rompre à droite ou à gauche.

Commandemens.

1.

Par division / *Par peloton* — ou *Par section* { *à droite.* ou *à gauche.*

2.

Marche.

3.

Halte.

4.

À gauche = alignement, ou *alignement*.

Le premier commandement sera répété par l'Officier supérieur commandant chaque bataillon, & à ce commandement, le Capitaine - commandant, si on rompt par division, se portera brusquement deux pas en avant du centre de sa division.

Si on rompt par peloton, le Capitaine-commandant & le Capitaine en second se porteront chacun deux pas en avant du centre de leur peloton.

Si on rompt par section, le Capitaine-commandant se portera deux pas en avant du centre de la première section.

Le Lieutenant de serre - file, placé derrière la gauche de la seconde section, se portera deux pas en avant du centre de la seconde section, en passant par la file d'Officiers qui se trouvera le plus près de sa gauche.

Le Capitaine en second se portera deux pas en avant du centre de la troisième section.

Le Lieutenant de serre - file de ce peloton, placé derrière la gauche de la quatrième section, se portera deux pas en avant du centre de la quatrième section, passant de même par la file d'Officiers qui se trouvera le plus près de sa gauche.

Ce qui s'exécutera sans exception dans toutes les circonstances où l'on rompra par division, par peloton ou par section.

Chacun des Capitaines-commandans ou Capitaines en second, sera remplacé au premier rang, par le bas Officier qui est derrière eux au troisième, avec cette différence, que lorsqu'on rompra par section, le bas Officier qui est derrière chaque Capitaine-commandant ou Capitaine en second, ne le remplacera au premier rang, qu'après que le Lieutenant aura passé par cette file, pour aller se mettre à la tête de la deuxième & de la quatrième section, & qu'au premier commandement, il se reculera derrière la file de Soldats qu'il aura à sa gauche, pour laisser passer le Lieutenant.

Le second commandement sera répété par l'Officier supérieur commandant chaque bataillon.

A ce commandement, chacune des subdivisions par laquelle on devra se rompre, fera, au pas de manœuvre, un mouvement de conversion à droite ou à gauche.

Le chef de chaque division fera face à sa troupe, un peu avant que le mouvement de conversion puisse être achevé, pour juger de l'instant où la subdivision sera perpendiculairement sur le terrein qu'elle occupoit en bataille : il fera alors le troisième commandement *halte*, & aussi-tôt après, toujours faisant face à sa troupe, & même en se portant rapidement à la droite ou à la gauche de sa subdivision s'il est nécessaire, pour veiller à la prompte exécution du commandement qui va suivre : il fera le quatrième commandement *à gauche = alignement* si on a rompu à droite, *alignement* si l'on a rompu à gauche.

Après avoir vu l'exécution de ces deux commandemens, il fera face en tête au centre de sa division (qu'il regagnera promptement s'il s'étoit porté à l'aile). Ces mouvemens de l'Officier pour faire face à sa troupe, ou pour faire face en tête après avoir vu aligner sa troupe, ne doivent point s'exécuter régulièrement par des *demi-tour à droite,* il suffit qu'ils s'exécutent avec la plus grande vivacité.

Si on a rompu à droite, le serre-file le plus près de la gauche de chacune des subdivisions de la colonne, se placera aussitôt après le commandement *halte*, à la gauche du premier rang de chaque subdivision.

Dans les pelotons où le Lieutenant est à la gauche, il y restera, & le bas Officier qui est derrière lui passera en
serre-file,

ferre-file, à moins qu'on n'eût rompu par ſection, auquel cas le bas Officier marcheroit à la gauche du premier rang.

Si on a rompu à gauche, le bas Officier de remplacement ſe trouvera placé à la droite du premier rang de chaque peloton ou de chaque diviſion.

Mais ſi on avoit rompu à gauche & par ſection, le ferre-file le plus près de la droite de chaque ſeconde & de chaque quatrième ſection ſe placeroit, au troiſième commandement *halte*, à la droite du premier rang de chacune de ces deux ſections.

Si la colonne doit marcher pour ſe prolonger ſur le même alignement, elle ſe mettra en mouvement, en ſe conformant, pour les commandemens d'avertiſſemens & d'exécution, à ce qui ſera preſcrit ci-après, au *Titre IX, de la marche des colonnes.*

Les compagnies, les pelotons & les ſections de Grenadiers étant moins fortes que les autres, gagneront en rompant à droite, & en faiſant marcher leur pivot, le terrein néceſſaire pour donner à la diviſion qui les ſuit, ſon intervalle. Au commandement *halte, à gauche $=$ alignement,* le Capitaine - commandant, ſi le bataillon a rompu par diviſion ; le Capitaine - commandant, le Capitaine en ſecond, ſi on a rompu par peloton ; le Commandant de chaque ſection, ſi on a rompu par ſection, rectifieront leur file gauche ſur les ſubdiviſions de la colonne.

Si on a rompu à gauche, la compagnie, les pelotons ou les ſections de Grenadiers, gagneront de même en avant, en faiſant marcher leur pivot, aſſez de terrein pour être juſte à leur diſtance, & leur file droite ſera de même rectifiée par leur chef ſur l'alignement en file des files droites de la colonne, au commandement *halte, alignement.*

Sans cette attention, ces compagnies, après avoir rompu, retarderoient l'ébranlement de la colonne,

T

obligeroient à marquer le pas, toutes les subdivisions qui se trouveroient après les Grenadiers, ce qui est essentiellement contraire aux principes de la marche des colonnes qui doivent se mettre en marche toutes entières à la fois, depuis la tête jusqu'à la queue.

A R T I C L E 3.

Marcher en colonne perpendiculairement en avant du front que la ligne occupoit en bataille.

Si un ou plusieurs régimens étant en bataille, on veut les faire marcher perpendiculairement en avant de la ligne qu'ils occupoient en bataille, & si chaque bataillon, chaque régiment ou chaque brigade doit former sa colonne, le Commandant en chef commencera par faire rompre la totalité de la ligne par division, peloton ou section à droite ou à gauche, suivant que ces colonnes devront avoir la droite ou la gauche en tête, en se conformant à ce qui vient d'être prescrit ci-dessus.

La ligne étant rompue par division, par peloton ou par section, le Commandant en chef commandera :

I.

Par bataillon,
Par régiment
ou
Par brigade. } *En avant, en colonne.*

2.

Marche.

Au premier commandement, l'Officier supérieur commandant chaque bataillon, chaque régiment ou chaque brigade, qui à l'instant où on rompra à droite ou à gauche, devra toujours se porter à la tête de son bataillon, de son régiment ou de sa brigade, indiquera à l'Officier ou au bas Officier placé à l'aile gauche ou à l'aile droite de la subdivision qui devra former la tête de chaque colonne, le point sur lequel il devra se diriger en avant du front que la ligne occupoit en bataille.

Au fecond commandement, *marche,* qui feroit précédé de l'avertiffement, *pas de manœuvre* ou *pas de route,* fi on devoit marcher l'un de ces deux pas, la totalité de chaque colonne fe mettra en marche pour fuivre la fubdivifion de la tête de la colonne.

Le bas Officier placé à l'aile de cette fubdivifion, fe dirigera dès fon premier pas fur le point qui lui aura été indiqué en avant du front que la ligne occupoit en bataille, par l'Officier fupérieur commandant chaque bataillon, chaque régiment ou chaque brigade, en fe conformant, ainfi que toutes les autres fubdivifions de la colonne, à ce qui fera prefcrit ci-après au *Titre IX, article 2, de la marche des colonnes.*

Si la ligne doit former autant de colonnes qu'il y a de bataillons, l'Officier fupérieur commandant chaque bataillon, fera chargé de la conduite de fon bataillon.

Si la ligne doit former autant de colonnes qu'il y a de régimens, le Colonel-commandant ou le Commandant de chaque régiment fera dans chaque colonne, auffitôt qu'elle fera détachée de l'enfemble de la ligne, les fonctions de Commandant en chef.

Si la ligne doit former autant de colonnes qu'il y a de brigades, l'Officier fupérieur commandant chaque brigade, fera dans chaque colonne, auffitôt qu'elle fera détachée de l'enfemble de la ligne, les fonctions de Commandant en chef. Tous fes commandemens paf-feront alors directement à l'Officier fupérieur de chaque bataillon dans fa colonne.

Cette règle s'étendra également fur toutes les colonnes qui feront compofées d'un nombre plus confidérable de bataillons, de manière que chaque colonne foit toujours conduite & commandée par un Commandant en chef.

A R T I C L E 4.

Marcher en colonne diagonalement en avant du front que la ligne occupoit en bataille.

Si chacune de ces colonnes, au lieu de devoir

marcher perpendiculairement en avant du front que la ligne occupoit en bataille, devoit marcher diagonalement, le Commandant en chef après avoir fait rompre la ligne à droite ou à gauche, commanderoit :

$$\left.\begin{array}{l}\textit{Par bataillon,}\\ \textit{Par régiment}\\ \textit{ou}\\ \textit{Par brigade.}\end{array}\right\} \begin{array}{l}\textit{en avant,}\\ \textit{diagonalement,}\\ \textit{en colonne.}\end{array}$$

Ce qui s'exécuteroit ainsi qu'il vient d'être prescrit ci-dessus, excepté que l'Officier supérieur commandant chaque colonne, en dirigeroit la tête diagonalement, au lieu de la diriger perpendiculairement.

Le Serre-file ou le bas Officier placé à l'aile, au lieu de tourner tout-à-fait à gauche si on a rompu à droite, ou de tourner tout-à-fait à droite si on a rompu à gauche, se dirigera dans la première supposition en demi à gauche, dans la seconde en demi à droite.

ARTICLE 5.

Marcher en colonne perpendiculairement en arrière du front que la ligne occupoit en bataille.

Si chacune de ces colonnes, au lieu de devoir marcher en avant du front qu'elles occupoient en bataille, devoit marcher perpendiculairement en arrière du front que la ligne occupoit en bataille, le Commandant en chef après avoir fait rompre à droite ou à gauche, commanderoit :

$$\left.\begin{array}{l}\textit{Par bataillon,}\\ \textit{Par régiment}\\ \textit{ou}\\ \textit{Par brigade.}\end{array}\right\} \textit{En arrière, en colonne.}$$

Ce qui s'exécuteroit ainsi qu'il vient d'être prescrit ci-dessus, excepté que l'Officier supérieur commandant chaque bataillon, chaque régiment ou chaque brigade,

indiqueroit

indiqueroit au bas Officier de chaque subdivision qui devroit avoir la tête de chaque colonne, le point en arrière du front que la ligne occupoit en bataille, vers lequel la tête de la colonne devroit se diriger.

Ce mouvement serviroit dans le cas où on voudroit prendre en arrière du front primitif, une position qui feroit face au côté opposé à celui où on avoit son front.

Il faut observer qu'en marchant ainsi en arrière, les bataillons dans les régimens, ou les régimens dans les brigades, ou les brigades dans la ligne, seroient invertis, quoique chaque bataillon fût cependant dans son ordre ordinaire, suivant que les colonnes seroient composées d'un bataillon, d'un régiment ou d'une brigade.

Cette inversion qu'on pourra se permettre dans tous les cas de nécessité, pourvu que chaque bataillon reste toujours invariablement dans son ordre de formation de la droite à la gauche, se corrigera, en se mettant en bataille: jusques & compris l'inversion des bataillons dans les régimens, si on marche en colonne par régiment: jusques & compris l'inversion des régimens dans les brigades, si on marche en colonne par brigade; en se conformant en raison de l'ordre dans lequel seront les bataillons dans les régimens ou les régimens dans les brigades, à ce qui sera prescrit ci-après au *Titre X, des différentes manières de se mettre en bataille.*

Si au contraire après avoir marché ainsi en arrière, les colonnes devoient se reporter en avant, faisant face à leur premier front, on exécuteroit la contre-marche dans chaque subdivision de chaque colonne : le Commandant en chef commanderoit :

Contre-marche.

A ce commandement, répété par chaque Officier supérieur de bataillon, les chefs de subdivision feront les commandemens *à droite, marche,* & les feront exécuter ainsi qu'il est prescrit *au Tit. VI, art. 2, des manœuvres de détail.*

U

ARTICLE 6.

Marcher en colonne diagonalement en arrière du front que la ligne occupoit en bataille.

Si chacune de ces colonnes devoit se diriger en arrière du front que la ligne occupoit en bataille, mais diagonalement, le Commandant en chef, après avoir fait rompre à droite ou à gauche, commanderoit :

Par bataillon,	*En arrière,*
Par régiment	*Diagonalement,*
ou	
Par brigade.	*En colonne.*

Ce qui s'exécuteroit comme il vient d'être prescrit à l'*article précédent*, excepté que l'Officier supérieur commandant chaque bataillon, chaque régiment ou chaque brigade, dirigeroit la tête de sa colonne diagonalement en arrière du front que la ligne occupoit en bataille.

Si la ligne avoit rompu à droite, le serre-file placé à l'aile gauche de la subdivision de la tête de la colonne, se dirigeroit en *demi à droite* en arrière ; si la ligne avoit rompu à gauche, le bas Officier placé à l'aile droite se dirigeroit en *demi à gauche* en arrière du front que la ligne occupoit en bataille.

Dans toutes ces différentes suppositions, toutes les divisions de chaque colonne viendront successivement, & l'une après l'autre, tourner au même point & sur le même terrein sur lequel aura tourné la subdivision de la tête.

Ces quatre différentes manières de diviser une ligne en plusieurs colonnes, étant la base de tous les mouvemens, il est essentiel d'observer que le commandement *en avant* détermine toujours, que la tête de chaque colonne doit se séparer de la colonne principale en appuyant sur le côté qui serviroit de pivot, pour se remettre en bataille du côté de l'aile gauche ſi on a rompu à droite, du côté de l'aile droite ſi on a rompu à gauche.

Le commandement *en arrière* exprime toujours que la tête de chaque colonne doit ſe ſéparer de la colonne principale, en appuyant ſur le côté oppoſé à celui qui ſerviroit de pivot pour ſe remettre en bataille, par conſéquent du côté de l'aile droite ſi on a rompu à droite, du côté de l'aile gauche ſi on a rompu à gauche.

ARTICLE 7.

Rompre par la droite pour marcher vers la gauche, ou rompre par la gauche pour marcher vers la droite.

LORSQU'UN régiment étant en bataille devra rompre par la droite pour marcher vers la gauche, ou rompre par la gauche pour marcher vers la droite, le Commandant en chef ſe portera ou enverra ſes ordres à l'aile droite ou à l'aile gauche pour faire commencer le mouvement.

Auſſitôt que l'ordre aura été donné au Commandant de la ſubdiviſion de l'aile; ſi c'eſt par l'aile droite, le Commandant de la ſubdiviſion, en ſe portant en avant du centre de ſa ſubdiviſion, commandera *tête = à gauche*, puis *marche;* ſi c'eſt par l'aile gauche, il commandera ſeulement *marche;* il la conduira enſuite au pas qui aura été indiqué juſque ſur le terrein où elle devra tourner.

Le chef de chacune des autres ſubdiviſions de la ligne fera exécuter ſucceſſivement à ſa ſubdiviſion, ce qui vient d'être preſcrit pour la première ſubdiviſion, & commandera *marche* lorſque dans la ſubdiviſion qui précédera la ſienne, le pied droit poſera à terre.

Chacun de ces chefs aura attention de faire arriver ſa ſubdiviſion au point où elle devra tourner, à l'inſtant où la ſubdiviſion qui devra précéder la ſienne dans la colonne, aura dépaffé ce terrein d'un nombre de pas égal à l'étendue de fon front.

La première fubdivifion, ainfi que toutes les autres, fe conformera à ce qui fera prefcrit ci-après au *Titre IX, de la marche des colonnes*, excepté que chaque fubdivifion ne fe mettra en marche que fucceffivement.

Le Commandant de chaque fubdivifion fe mettra au centre de fa fubdivifion, à l'inftant où la fubdivifion qui devra précéder la fienne, fera détachée du bataillon.

Si plufieurs bataillons étant en bataille, doivent former une feule colonne par la droite ou par la gauche, l'Officier fupérieur commandant chaque bataillon pourra, lorfque la ligne aura été rompue, & lorfque le terrein fera libre, diriger la tête de fon bataillon, diagonalement pour aller, par le plus court chemin, prendre rang dans la colonne dont ce bataillon devra faire partie ; mais chaque fubdivifion de ce bataillon ira cependant tourner fur le même terrein d'où fera partie la fubdivifion de la tête du bataillon.

T I T R E I X.
De la Marche des colonnes.

A R T I C L E P R E M I E R.

Des Commandemens dans les colonnes, avec diftance entière entre les fubdivifions.

TOUTES les fois qu'un ou plufieurs bataillons feront en colonnes par divifion, par peloton ou par fection, avec diftance entière ou avec demi-diftance, les chefs de chacune de ces fubdivifions répèteront, ainfi que l'Officier fupérieur commandant chaque bataillon, & tous en même temps, les commandemens *marche, halte,*

&

& sans exception tous les commandemens d'exécution du Commandant en chef.

L'Officier supérieur de chaque bataillon, répètera seul tous les commandemens d'avertissement du Commandant en chef.

Les chefs de chacune des subdivisions de la colonne, exécuteront & répèteront les commandemens d'exécution du Commandant en chef, à l'instant même où ils leur parviendront, soit par le Commandant en chef, soit par l'Officier supérieur de leur bataillon, soit par les autres chefs de divisions, pelotons ou sections de la colonne, & se conformeront, le plus promptement possible, au mouvement qu'il verront faire à leur droite ou à leur gauche, en avant ou en arrière, suivant le point d'où partira le mouvement ordonné.

Pour que les commandemens se communiquent avec plus de rapidité & d'ensemble, de la tête à la queue de la colonne, le Commandant en chef, les Officiers supérieurs, & les chefs de chacune des subdivisions de la colonne, auront attention de les prononcer d'un ton ferme, bref, & de la plus grande étendue de leur voix.

Au commandement *marche*, fait à une colonne, les chefs de chacune des subdivisions de la colonne l'exécuteront, & le répèteront tous en même temps, ainsi qu'il vient d'être expliqué, & ils veilleront à ce que leur subdivision l'exécute avec la même exactitude & à leur commandement, afin que l'ébranlement de toute la colonne, depuis la tête jusqu'à la queue, étant le moins successif qu'il sera possible, la colonne ne s'alonge pas.

Le commandement *halte*, sera répété de même avec la plus grande rapidité, & exécuté à l'instant même par le chef de chaque subdivision, ainsi que par sa subdivision à son commandement, sans pouvoir avancer ni reculer d'un pas, afin que la tête & la queue de la colonne s'arrêtent, autant qu'il sera possible, en même temps, &

X

afin auſſi que les Officiers s'accoutumant à la continuelle obſervation de leur diſtance, ſans augmentation ni diminution, l'Officier ſupérieur de chaque bataillon puiſſe juger, & reprendre ou punir, ceux qui auroient apporté quelque négligence dans cette partie eſſentielle de leurs devoirs.

Auſſitôt que le Commandant de chaque ſubdiviſion aura commandé *halte*, il fera le commandement *à gauche = alignement* ſi la droite eſt en tête, ou celui *alignement* ſi la gauche eſt en tête, en faiſant face à ſa troupe, & en ſe portant même, s'il eſt néceſſaire, rapidement à la droite ou à la gauche de ſa ſubdiviſion, du côté vers lequel le Soldat devra avoir la tête tournée, afin de veiller ſur la prompte exécution de ce dernier commandement.

Auſſitôt que ſa troupe ſera alignée, il fera bruſquement *face en tête* au centre de ſa ſubdiviſion.

Si la colonne doit marcher le pas ordinaire, ou le pas de manœuvre, elle marchera le même pas, les rangs ſerrés & alignés, les files jointes bras à bras, mais ſans être gênées.

La colonne marchera d'abord les armes portées; mais après les vingt premiers pas, l'Officier ſupérieur commandant chaque bataillon fera porter l'arme au bras, ce qui s'exécutera au commandement du chef de chaque ſubdiviſion.

Si la colonne doit marcher le pas de route, ſoit pour ſe rendre de ſon quartier au terrein d'exercice, ſoit pour exécuter toute autre eſpèce de marche, les ſeconds & les troiſièmes rangs de chaque ſubdiviſion de la colonne prendront tout en marchant, entre chacun, deux pieds de diſtance de plus que celle qui les ſéparoit de leur chef-de-file à rangs ſerrés, ſans cependant que l'aiſance qu'on laiſſe prendre aux ſeconds & troiſièmes rangs pour la facilité de la marche, diſpenſe le premier rang de toutes les subdivisions de la colonne, de se porter en avant au commandement *marche.*

Après les vingt premiers pas, on fera porter l'arme au bras, ce qui s'exécutera, ainsi qu'il vient d'être prescrit ci-dessus.

Le Soldat ne sera plus assujetti alors à marcher du même pas ; il portera son arme indifféremment sur une épaule ou sur l'autre, pourvu que le bout du canon soit en haut. Les files marcheront à l'aise, mais on aura attention que les rangs ne se confondent jamais, & qu'ils ne s'ouvrent pas de plus de trois pieds d'un rang à l'autre.

Si un régiment étoit en route pour voyager dans l'intérieur du royaume, il marcheroit alors sans avoir la baïonnette au bout du canon, & proportionneroit le front de sa marche à la largeur des débouchés, ou à la nécessité de ne pas embarrasser les grands chemins, mais il ne marchera cependant en files que dans les cas absolument indispensables.

Les chefs des subdivisions se tiendront deux pas en avant du centre de leur subdivision.

Dans toutes les colonnes, toutes les fois que le Commandant de la subdivision ne sera pas placé à l'aile par laquelle on devra se remettre en bataille, l'Officier ou le bas Officier qui y sera placé sera responsable de la distance au chef de la subdivision, afin qu'à tous les instans de la marche, la colonne, par quelque subdivision que la ligne ait été rompue, n'occupe de la tête à la queue qu'un espace égal à l'étendue du front qu'elle occupoit en bataille, en en retranchant l'étendue du front de la subdivision de la tête.

Cet Officier ou bas Officier sera responsable du chef-de-file, autant que la direction de la marche le permettra ; le Commandant en chef voulant faire marcher la colonne en avant, commandera :

I.

Colonne en avant.

L'Officier supérieur de chaque bataillon, commandera aussitôt :

Bataillon en avant.

2.

Marche.

A ce commandement, la colonne marchera au pas ordinaire, en se conformant pour les commandemens, & la manière dont ils doivent être répétés & exécutés, à ce qui est prescrit ci-dessus.

Si la colonne doit marcher au pas de manœuvre ou au pas de route, le Commandant en chef, après le premier commandement, commandera :

2.

Pas de manœuvre ou *Pas de route.*

3.

Marche.

Ces commandemens seront répétés par l'Officier supérieur de chaque bataillon, & exécutés, ainsi qu'il vient d'être prescrit, soit pour marcher régulièrement, soit pour marcher au pas de route.

Le Commandant en chef, pour accoutumer les Officiers & les Soldats à l'exactitude qu'exige la marche des colonnes, fera, lorsqu'il le jugera à propos, les commandemens :

I.

Colonne.

2.

Halte

pour arrêter la colonne.

En

En même temps que le Commandant en chef fera le commandement *colonne*, l'Officier supérieur commandant chaque bataillon, fera celui *bataillon*.

Le Commandant en chef commandera ensuite:

1.

Colonne en avant.

2.

Marche,

pour la porter en avant.

Au commandement *halte*, répété & exécuté ainsi qu'il a été prescrit ci-dessus, le Soldat portera l'arme, il s'alignera ensuite à gauche ou à droite, au commandement du chef de sa subdivision; & si la colonne étoit au pas de route, au commandement *halte*, les files & les rangs se serreroient en même temps que le Soldat portera l'arme.

Le Commandant en chef examinera, avec la plus grande attention, si ses commandemens sont répétés avec exactitude & rapidité par l'Officier supérieur commandant chaque bataillon, & par le chef de chaque subdivision de la colonne.

Pour s'assurer si les distances ont été scrupuleusement observées, comme elles doivent l'être, il pourra la faire mettre inopinément en bataille, en se conformant alors à ce qui sera prescrit ci-après au *Titre X, articles 3, 4, 5* ou *6*, suivant que la colonne aura la droite ou la gauche en tête.

ARTICLE 2.

Colonne avec la droite en tête, marchant au pas ordinaire, au pas de manœuvre ou au pas de route, & changeant de direction à droite ou à gauche.

LORSQU'UNE colonne en marche sera dans le cas de

changer de direction à droite ou à gauche, la subdivision de la tête, & successivement chacune des autres subdivisions de la colonne, à mesure qu'elle arrivera au point où elle devra tourner, suivra sans commandement, & par le principe de l'alignement, le mouvement de l'Officier ou du bas Officier de l'aile vers laquelle elle se trouvera avoir la tête tournée, de manière que dans une colonne ayant la droite en tête, soit que cette colonne tourne à droite, soit qu'elle tourne à gauche, chaque subdivision ne cessera de regarder vers l'aile gauche.

L'Officier ou le bas Officier placé à l'aile de la première subdivision, soit qu'il se trouve au pivot, soit qu'il se trouve à l'aile marchante de cette espèce de conversion, tournera, en faisant toujours le pas de la même longueur & de la même vîtesse; tous ceux placés à l'aile des autres subdivisions, n'auront d'autre attention à avoir que celle de marcher, en conservant la distance qui doit les séparer de l'homme de l'aile gauche de la subdivision qui les précèdera dans la colonne, & en conservant le même pas que lui, si la colonne marche au pas ordinaire ou au pas de manœuvre.

Le chef de chaque subdivision, deux pas avant d'arriver sur le terrein où la subdivision précédente aura tourné, préviendra sa troupe par l'avertissement *tournez à droite* ou *à gauche.*

A cet avertissement, si l'Officier ou le bas Officier placé à l'aile, se trouve au pivot de cette espèce de conversion (ce qui aura lieu dans la supposition d'une colonne avec la droite en tête, changeant de direction à gauche), le premier rang commencera dès-lors à avancer l'épaule opposée au côté vers lequel on devra tourner, tandis que l'Officier ou le bas Officier de l'aile sur laquelle on devra se régler, continuera de marcher droit devant lui, jusqu'à ce qu'il soit arrivé au point où aura tourné l'Officier ou le bas Officier de la subdivision qui précédoit la sienne.

A l'inftant où cet Officier ou bas Officier tournera, la fubdivifion fe conformera à fa direction le plus promptement poffible.

Lorfque l'Officier ou le bas Officier fe trouvera au contraire à l'aile marchante de cette efpèce de converfion (ce qui aura lieu dans la fuppofition d'une colonne ayant la droite en tête, changeant de direction à droite), la portion de la fubdivifion qui fera à l'aile oppofée à cet Officier ou bas Officier, aura attention de fe conformer à fa direction en gagnant cependant un peu de terrein en avant, afin que la fubdivifion fuivante ne fe trouve point arrêtée.

Dans une colonne ayant fa gauche en tête, le bas Officier de l'aile droite fera chargé de tout ce qui vient d'être prefcrit à l'Officier ou bas Officier de l'aile gauche.

A R T I C L E 3.

Du paffage du défilé que rencontre une colonne.

La colonne rencontrant un défilé qui obligeroit de diminuer le front de fes fubdivifions, fi la colonne marchoit par divifion, elle fe romproit, fuivant la néceffité, d'abord par pelotons, enfuite par fections, par les commandemens indiqués au *Titre VI, article 3, des manœuvres de détail*, de manière que dans une colonne ayant fa droite en tête, le premier peloton précèdera le fecond, ou la première fection la feconde, & la troifième fection la quatrième.

L'inverfe s'obfervera dans une colonne, ayant la gauche en tête; mais la colonne étant une fois par fection, chaque fection, avant d'entrer dans le défilé, ferrera les rangs & les files, & marchera régulièrement au commandement de fon chef, au pas de manœuvre.

Si le défilé ne lui permet pas alors de paffer de front,

les files qui ne pourront pas paſſer ſuivront par le flanc à l'avertiſſement du chef de la ſection, mais ſans commandement & ſans s'arrêter; les files qui marcheront de front, en ſe conformant pour le ſurplus à ce qui ſera preſcrit au paſſage de l'obſtacle dans la marche en bataille, & en commençant par les files de gauche dans les colonnes qui auront la droite en tête, & par les files de droite dans les colonnes qui auront la gauche en tête.

Le Serre-file ou le bas Officier qui ſera chargé de la conſervation de la diſtance, ne ſuivra point le mouvement des files qui marcheront par le flanc, il ſe rapprochera au contraire à meſure de la première file de la portion qui continuera de marcher par le front, afin de marquer toujours la diſtance de ſection.

A meſure que le défilé ſe rétrécira, il ſe mettra des files de plus par le flanc, juſqu'à ce que les ſections de toutes les portions de la colonne qui ſeront engagées dans le défilé, ſoient entièrement par le flanc.

A meſure que le défilé s'élargira, on augmentera ſucceſſivement le nombre des files qui marcheront par le front, les Troupes ne devant marcher par le flanc, que dans la plus indiſpenſable néceſſité.

En reformant les ſections, les files qui auront marché par le flanc ſe reformeront en courant.

En ſe formant ſucceſſivement à côté de celles qui auront marché de front, elles regarderont de ce côté pour reprendre le pas, & auſſitôt après qu'elles l'auront repris, elles tourneront ſucceſſivement la tête vers l'aile qui devra ſervir de pivot pour ſe remettre en bataille.

Le Serre-file ou bas Officier placé ordinairement à cette aile, longera toujours le bord du défilé, pour laiſſer le terrein libre aux files qui ſe reformeront, afin de ſe retrouver toujours ſur le flanc, & de veiller continuellement à l'obſervation de ſa diſtance.

Les ſections étant formées, le chef de chaque peloton

ou

ou division fera reformer son peloton, & enfin sa division
si la marche a été ainsi commencée, à mesure & aussitôt
que la possibilité s'en présentera, par les commandemens
indiqués au *Titre VI, article 3, des manœuvres de détail.*

Si la colonne marchoit par le dernier rang, l'Officier
ou le bas Officier se placeroit au dernier rang devenu le
premier, mais toujours du côté par lequel se devroit
prendre le chef-de-file, si la colonne marchoit par son
premier rang.

Le Commandant de chaque subdivision, ainsi que les
serre-files se tiendront cependant toujours à leur place
ordinaire, les serre-files devant le troisième rang devenu
le premier; le Commandant de la subdivision, derrière
le centre de son premier rang devenu le troisième, mais
on ne marchera ainsi que dans des cas très-rares, &
seulement pour faire rétrograder une colonne qui se
feroit portée trop en avant.

La marche des colonnes, même des colonnes en
marche de route, étant de tout ce qu'exécute l'Infanterie,
l'opération la plus répétée, & une de celles dont les
conséquences sont presque toujours les plus importantes,
doit être regardée comme un article essentiel de l'instruction des Officiers, bas Officiers & Soldats.

Il est indispensable de leur apprendre qu'il ne doit
jamais y avoir d'interruption dans la marche d'une
colonne; que tout homme, tout rang, ou toute subdivision
qui arrête ou suspend sa marche sans commandement,
arrête successivement toute la colonne & occasionne,
pour peu que ces négligences soient répétées, une fatigue
excessive aux Troupes de la queue, & un retard souvent
capable de faire manquer les opérations les plus importantes & les mieux combinées. Qu'une colonne doit
marcher en avant, ou s'arrêter toute entière à la fois, &
seulement par le commandement du Commandant en
chef, répété ainsi qu'il vient d'être prescrit ci-dessus.

Z

ARTICLE 4.

Colonne d'Infanterie traversant un pays ouvert, à portée de la Cavalerie.

UNE colonne d'Infanterie marchant au pas de route, ou régulièrement au pas ordinaire, ou au pas de manœuvre dans un pays ouvert, & pouvant être harcelée fur les deux flancs par des Huffards ou de la Cavalerie, marchera par le front d'une divifion, avec, feulement entre chaque divifion, le quart de la diftance qui lui feroit néceffaire pour fe mettre en bataille.

Pour ferrer ainfi la colonne, le Commandant en chef commandera :

I.

à diftance de fection, ferrez la colonne.

2.

Marche.

Ce qui fera commandé, répété & exécuté, ainfi qu'il fera prefcrit ci-après au *Titre X, article 10, des déploiemens,* excepté que les divifions, au lieu de ferrer en maffe, ferreront à diftance de fection l'une de l'autre.

La colonne étant une fois ferrée à diftance de fection, exécutera tous les commandemens au commandement du Commandant en chef, l'Officier fupérieur commandant chaque bataillon, & les chefs de divifion, avertiront feulement leurs troupes à demi-voix des mouvemens qu'elles devront exécuter.

Les compagnies de Grenadiers qui fe trouveront dans l'intérieur de la colonne, laifferont pendant la marche, entre leur premier peloton & le fecond, l'intervalle néceffaire, pour que leur file extérieure de chaque côté foit alignée fur la file extérieure des divifions qui les précèderont ; les deux fections de droite de ces compagnies fuivront, dans ce qui va être prefcrit ci-après, le mouvement des deux fections de la droite de la colonne, les deux sections de gauche de ces compagnies suivront le mouvement des deux sections de gauche de la colonne.

Si une compagnie de Grenadiers se trouve à la tête ou à la queue de la colonne, ces compagnies étant moins fortes que les autres marcheront sur deux rangs.

Le Capitaine de Grenadiers, aussitôt que l'Officier supérieur de son bataillon lui en aura donné l'ordre, commandera, *Grenadiers sur deux rangs, troisième rang, à droite & à gauche, marche;* le troisième rang de la première section viendra se placer à la droite du premier rang de la première section, le troisième rang de la seconde section passera à la droite du second rang de la première section. Le troisième rang de la quatrième section viendra se placer à la gauche du premier rang de sa section, & le troisième rang de la troisième section à la gauche du second rang de la quatrième section.

Il divisera de nouveau sa compagnie en quatre sections.

Ce mouvement de la compagnie de Grenadiers s'exécutera en marchant, s'il est nécessaire, par le pas oblique à droite & à gauche, mais dans tous les cas très-promptement.

En même temps que toutes les divisions de la colonne serreront à distance de section, la première division de Fusiliers serrera sur la compagnie de Grenadiers ou de Chasseurs de la tête de la colonne, en ne laissant de distance que ce qui sera nécessaire pour l'aisance de la marche.

La seconde division de Fusiliers de la tête de la colonne laissera entre son premier rang & le dernier rang des deux compagnies de la tête, qui marcheront serrées, la distance nécessaire pour que ces sections, en rompant comme il va être dit ci-après, ne soient pas gênées par le dernier rang de ces deux compagnies, qui après le mouvement de converfion des fections fini, devra être féparé de deux pas du flanc de ces fections.

Les deux dernières divifions de la queue de la colonne qui font deftinées à faire face en dehors, & qui ne doivent pas fe rompre, marcheront de même ferrées; la compagnie de Grenadiers ou de Chaffeurs de la queue, contre la dernière divifion de Fufiliers; la dernière divifion de Fufiliers, contre le dernier rang de l'avant-dernière.

La colonne marchant dans cet ordre, le Commandant en chef détachera un bas Officier, & quelques hommes de la droite & de la gauche de chaque divifion de la colonne; ces hommes marcheront à peu-près à hauteur de leur divifion, mais à leur aife, & en tirant à volonté fur ce qui approcheroit à portée.

La colonne continuera de marcher dans cet ordre au pas de route, au pas de manœuvre ou au pas ordinaire, auffi longtemps qu'elle le pourra. Mais fi cette cavalerie augmentoit & s'approchoit de la colonne affez en force & affez en ordre pour la mettre dans le cas de fufpendre fa marche, les hommes détachés rentreront à leur divifion, le Commandant en chef commandera :

Colonne, halte.

A ce commandement, toute la colonne arrêtera, il commandera enfuite, fi l'ennemi eft fur le flanc droit.

Dans chaque divifion, par fection à droite.

Si l'ennemi eft fur le flanc gauche.

Dans chaque divifion, par fection à gauche.

Si l'ennemi eft fur les deux flancs.

Dans chaque peloton, par fection à droite & à gauche.

Chaque commandant de fection fe portera à ce commandement au centre de fa fection, & la préviendra à demi-voix du mouvement qu'elle devra exécuter.

Le Commandant en chef commandera enfuite, *marche,*
ce qui

ce qui s'exécutera, dans la première fuppofition, par chaque fection qui rompra à droite; dans la feconde fuppofition, par chaque fection qui rompra à gauche.

Dans la troifième fuppofition, par les deux fections du flanc droit qui rompront à droite, & par les deux fections du flanc gauche qui rompront à gauche.

Le mouvement de converfion des fections fera arrêté par le chef de chacune, & par les commandemens prefcrits au *Titre VIII, article 2.*

Pendant que les fections rompront, les deux divifions de la tête de la colonne refteront face en tête, les deux divifions de la queue feront face en dehors par un demi-tour à droite au commandement de l'Officier fupérieur de ce bataillon.

Tous ces mouvemens s'exécuteront par le premier rang, les Troupes ne devant marcher en colonne par le dernier rang ainfi qu'il a été prefcrit ci-deffus, que dans des cas très-rares.

Si cependant la colonne fe trouvoit dans cette difpofition, tous ces mouvemens s'exécuteroient par le dernier rang comme par le premier, mais alors les Serre-files des fections qui fe trouveroient en dehors, fe conformeroient à l'inftant où le feu devroit commencer, à ce qui fera prefcrit ci-après au *Titre des feux, pour les feux en arrière.*

La colonne étant dans cette difpofition, les trois rangs extérieurs feront le feu de file ainfi qu'il eft prefcrit au *Titre des feux,* le Commandant en chef commandera:

1.

Feu de file.

2.

Sections extérieures ⚌ armes.

3.

Commencez le feu.

A a

Au premier commandement, les Officiers des sectio
extérieures prendront les places qu'ils occupent dans les fe

Au second, les sections extérieures apprêteront le
armes, & les autres continueront de les porter.

Au troisième, le feu commencera par la droite
chacune des sections extérieures.

Les compagnies de Grenadiers de la tête ou de
queue de la colonne qui se trouveront sur deux rang
feront feu de leurs deux rangs, la division qui les suiv
continuant de porter les armes.

Les Officiers & bas Officiers mettront toute le
attention à empêcher de tirer les rangs de l'intérieur
la colonne, qui ne doivent servir que pour soutenir l
trois rangs extérieurs, pour remplacer les hommes q
y manqueroient ou remplir les intervalles qui pourroie
s'y trouver.

On ne sauroit assez inspirer au Soldat, que dans cet
circonstance & dans toutes celles où l'Infanterie pourr
avoir à combattre la Cavalerie, son honneur & son sal
dépendent de sa fermeté, de son silence & de son extrêm
attention à écouter & exécuter le commandement
les Officiers, & l'Infanterie dans quelque dispositic
qu'elle combatte, soit en colonne, soit en bataille, do
être convaincue que la Cavalerie n'est redoutable po
elle qu'à l'instant où elle cesse de vouloir lui résister.

Si le feu des rangs extérieurs suffit pour éloign
l'ennemi, mais s'il reste encore à portée, la colonn
pourra continuer sa marche dans cet ordre.

Le Commandant en chef fera le commandement,

$$\textit{Colonne} = \begin{cases} \textit{à gauche} \\ \text{ou} \\ \textit{à droite,} \end{cases}$$

si toutes les sections ont rompu du même côté,

ou le commandement

$$Colonne = \begin{cases} \textit{à gauche} \\ \textit{\&} \\ \textit{à droite,} \end{cases}$$

fi elles ont rompu de deux côtés différens.

Il commandera enfuite :

I.

Colonne en avant.

2.

Marche.

La colonne marchera le pas ordinaire ou le pas de manœuvre fuivant l'ordre du Commandant en chef.

En même temps que le Commandant en chef commandera *à droite* ou *à gauche*, ou *à droite & à gauche*, l'Officier fupérieur du bataillon de la queue de la colonne, fera faire *demi-tour à droite* aux deux compagnies qui faifoient face en dehors.

Les compagnies & divifions deftinées à faire face en dehors à la tête & à la queue de la colonne, marcheront par leur front.

Si l'ennemi fe préfentoit à portée, la colonne arrêteroit de nouveau, le Commandant en chef, pour l'arrêter, commanderoit :

I.

Colonne, halte.

2.

Front.

Ce commandement feroit exécuté par toute la colonne qui feroit face par fon premier rang, excepté pour les deux divifions de la queue de la colonne qui feroient demi-tour à droite au commandement de l'Officier fupérieur de ce bataillon.

Si l'ennemi s'étoit affez éloigné pour que la colonne

pût continuer fa marche par le front des divifions, le Commandant en chef la rétablira dans fon premier ordre par les commandemens & les moyens fuivans.

Si toutes les fections ont rompu à droite & du même côté, le Commandant en chef commandera,

I.

Colonne, par divifion.

2.

À gauche.

3.

Par file à gauche.

4.

Marche.

Le premier commandement ne fera qu'avertiffement.

Au fecond, les fections feront *à gauche.* Le troifième ne fera qu'avertiffement. Au quatrième, chaque fection fera par file *à gauche,* & marchant chacune carrément un nombre de pas égal à l'étendue de leur front, elles arrêteront au commandement du chef de fection qui fe reportera auffitôt à fa place.

Le chef de la divifion reprenant alors le commandement de fa divifion, lui commandera *front,* & auffitôt après *alignement* ou *à gauche = alignement* fuivant que la gauche ou la droite fera en tête.

Si les fections avoient rompu à gauche, elles fe remettroient de même par le flanc, mais par des commandemens & des mouvemens contraires.

Si les fections avoient rompu, la moitié à droite & la moitié à gauche, le Commandant en chef après avoir commandé, *Colonne, par divifion,* commanderoit:

2.

À gauche & à droite.

3.

Par files à gauche & à droite.

4. *Marche.*

4.
Marche.

A ce commandement, les sections marcheroient & seroient ensuite arrêtées chacune par leur chef. Elles feroient front & s'aligneroient au commandement du chef de la division, ainsi qu'il vient d'être prescrit ci-dessus.

Toutes les fois que la colonne se remettra dans son ordre naturel pour marcher par le front des divisions, les divisions destinées à faire face en dehors à la tête & à la queue de la colonne se remettront à la distance qu'elles doivent observer, les compagnies de la tête en se portant en avant pour s'éloigner de la première des divisions qui doit rompre par section, les compagnies de la queue en serrant sur la division qu'elles doivent joindre, le tout au commandement de l'Officier supérieur de chacun de ces bataillons.

Si la colonne étant rompue par section, le feu des rangs extérieurs ne suffisoit pas pour éloigner la Cavalerie, & si elle venoit effectivement pour charger ; si toutes les sections font face du même côté, les trois dernières sections serreront sur la section extérieure.

Si l'ennemi est sur les deux flancs, deux des sections faisant face à droite, & les deux autres faisant face à gauche, chaque section de l'intérieur serrera à deux pas sur la section extérieure. Le Commandant en chef, pour les faire serrer, commandera :

1 .
En masse, serrez les sections.

2 .
Marche.

Chaque section serrera à deux pas de distance de la section qui doit la précéder, & sera à cet instant arrêtée par son chef.

Dans ces deux dernières dispositions, les compagnies

B b

qui feront face en dehors à la tête & à la queue de la colonne, ne feront aucun mouvement.

La charge de la Cavalerie ayant été repouffée, la colonne pourra également continuer fa marche fans quitter cet ordre.

Lorfque l'ennemi s'étant affez éloigné, le Commandant en chef voudra rétablir la colonne dans fon premier ordre pour continuer fa marche par le front des divifions, il fera les mêmes commandemens qui viennent d'être prefcrits ci-deffus, avant que les fections fuffent ferrées. Mais alors fi les quatre fections font ferrées du même côté, & fi elles fe font rompues précédemment par la droite, la dernière fection partira la première, *par file, à gauche;* auffitôt qu'elle fe fera prolongée de tout fon front, celle d'à-côté la fuivra, après celle-ci la troifième; après la troifième, celle qui étoit au flanc extérieur, jufqu'à ce que toute la divifion étant par fon flanc, le chef de chaque fection commandera *halte;* & rentrant auffitôt à fa place, le chef de la divifion commandera, *front, à gauche = alignement,* ou *alignement,* en reprenant fa place deux pas en avant du centre de fa divifion.

Pour que le mouvement fe faffe avec plus de régularité, & que la fection qui fe déploie la première, ne marche pas plus qu'il ne faut, un bas Officier de ferre-file fe portera, au premier commandement, au point où cette fection devra arrêter, afin qu'elle ne le dépaffe pas.

Si les divifions ont rompu de deux côtés différens, les deux qui auront rompu *à droite,* feront *à gauche,* & marcheront fucceffivement *par file, à gauche,* comme il vient d'être expliqué ci-deffus, tandis que les deux qui auront rompu *à gauche,* feront *à droite,* & marcheront fucceffivement *par file, à droite.*

Les deux fections qui devront former le centre de la divifion, marcheront à la rencontre l'une de l'autre;

à l'inftant où elles fe réuniront, leurs chefs leur commanderont *halte*, & fe porteront à leur place. Les fections des flancs les fuivront & feront de même arrêtées par leurs chefs, qui en commandant *halte*, fe reporteront à leur place.

Auffitôt que toute la divifion fera par le flanc, le chef de la divifion commandera *front, à gauche = alignement*, ou *alignement*, en fe portant au centre de fa divifion.

Il eft fous-entendu que les compagnies de la queue de la colonne feront face en tête au commandement de l'Officier fupérieur de ce bataillon, toutes les fois que la colonne devra marcher en avant, ou toutes les fois qu'elle fe rétablira dans fon ordre naturel.

Dans cet exemple, on fuppofe une colonne de deux bataillons au moins, & de quatre bataillons au plus, attendu que quoique cette difpofition puiffe fe prendre également avec une colonne plus confidérable, il eft probable que fi on avoit un plus grand nombre de bataillons à mettre en marche dans un pays ouvert, on formeroit plufieurs colonnes.

Si un bataillon étoit dans le cas de traverfer feul un pays ouvert, il marcheroit de même, avec cette différence que la première & la dernière fubdivifion de la colonne, foit Grenadiers, Chaffeurs ou Fufiliers, exécuteroit ce qui a été prefcrit pour les deux compagnies de la tête & les deux compagnies de la queue de la colonne de quatre bataillons.

Si un bataillon n'avoit ni fes Grenadiers ni fes Chaffeurs, la compagnie de la tête & celle de la queue feroient également face en dehors, les deux autres divifions fe romproient par fections ainfi qu'il vient d'être prefcrit.

TITRE X.

Des différentes manières de se mettre en bataille.

ARTICLE PREMIER.

De la manière dont une Troupe en colonne se reformera en bataille.

TOUTE troupe qui aura rompu par un mouvement de converfion à droite, fe reformera au pas de manœuvre par un mouvement de converfion à gauche. Toute troupe qui aura rompu par un mouvement de converfion à gauche, fe reformera au pas de manœuvre par un mouvement de converfion à droite, à moins que dans l'une ou l'autre de ces deux fuppofitions on eût fait ferrer la colonne en maffe, auquel cas elle fe déploiera ainfi qu'il fera prefcrit ci-après à *l'article 10* de ce Titre.

ARTICLE 2.

Des points de direction, de l'ufage qu'on en doit faire, & de la manière de prendre des points intermédiaires entre les points de direction.

LES points de direction doivent être des objets éloignés & diftincts, choifis par le Commandant en chef pour déterminer la direction qu'il veut donner à fa ligne, de manière que dans tous les mouvemens la nouvelle pofition ne foit point déterminée par le hafard, mais par la volonté du Commandant en chef, qui choififfant autour du terrein que l'œil peut embraffer, deux points, l'un à fa droite, l'autre à fa gauche, donnera ainfi à la ligne ou à la colonne, la direction la plus conforme à fes vues.

Ces

Ces objets doivent être isolés autant qu'il est possible, & assez saillans pour être aperçus distinctement, comme un arbre, un clocher, une maison, un moulin, ou à leur défaut des Officiers à cheval placés dans les points de direction & multipliés dans des points intermédiaires, en raison du nombre des Troupes & des obstacles qui pourroient empêcher qu'on ne les aperçût.

Manière de déterminer une position entre deux points donnés dont on ne peut approcher.

Aussi-tôt que le point de la droite & celui de la gauche auront été déterminés par le Commandant en chef, deux Officiers désignés par les caractères *A* pour celui de gauche, *R* pour celui de droite, chercheront les points intermédiaires.

Soit un arbre *C* à gauche, un clocher *D* à droite.

A reste en place, tandis que *R* se portant environ quarante pas sur la droite de *A*, s'alignera sur lui & le point *C*.

A fera signal pour marcher en avant, en faisant un mouvement de conversion, de manière que le point *C* soit le pivot de la conversion, & que l'Officier *R* se conserve toujours aligné avec le point *C* & l'Officier *A*.

A marchera regardant toujours *R* pour lui faire signal de s'arrêter à l'instant où *R* lui cachera le point de droite *D*, *R* ayant toujours marché aligné sur l'Officier *A* & le point *C*, le point intermédiaire sera trouvé.

Un des deux, & de préférence celui qui se trouvera au point où devra arriver la tête de la colonne, restera à sa place sans bouger.

Cette opération se feroit également avec un plus grand nombre d'Officiers ou d'Adjudans placés sur un rang entre les deux Officiers *R* & *A*, pourvu que

PLANCHE III.

C c

chacun, pendant la converſion, ſe conſervât continuelle-ment aligné ſur l'Officier *A* & le point *C*.

Si on avoit pluſieurs colonnes, chacun des Officiers attachés à une de ces colonnes, ſe prolongeroit ſur la ligne de direction, & comptant 'au trot ou au galop, l'intervalle qui devroit ſéparer ſa colonne de celle ſur laquelle il devroit ſe régler en partant du point où devroit appuyer la droite ou la gauche de cette colonne, il iroit ſe placer ſur la ligne de direction, au point où devroit arriver la tête de celle à laquelle il ſeroit attaché.

A R T I C L E 3.

Colonne la droite en tête, avec diſtance. entière,
arrivant par - derrière la nouvelle ligne de
direction qu'elle doit occuper en bataille,
arrêtant ſur cette ligne & s'y formant en
bataille.

LE Commandant en chef ayant déterminé le point de direction de ſa droite & de ſa gauche, un Officier ou un Adjudant étant placé ſur cette nouvelle ligne de direction, à peu-près au point par lequel la tête de la colonne devra entrer dans la nouvelle direction; le Commandant en chef fera alors paſſer la colonne du pas de route où elle étoit, au pas ordinaire, en ſe conformant ainſi que l'Officier ſupérieur commandant chaque bataillon & le Commandant de chaque ſub-diviſion, à ce qui a été preſcrit dans le *Titre IX, pour les commandemens, à l'article 1.er de la marche en colonne;* de manière que la totalité de la colonne prenne en même-temps le pas ordinaire.

La colonne marchera alors régulièrement l'arme au bras, les files & les rangs ſerrés & alignés.

Si la colonne marchoit par ſection, le Commandant

en chef fera former les pelotons ou même les diviſions s'il le juge à propos; mais plus ordinairement les colonnes entreront dans les nouvelles lignes de direction par peloton, à moins que la marche ne ſe fût exécutée par diviſion.

Au commandement,

$$Formez \begin{cases} \textit{les pelotons} \\ \textit{ou} \\ \textit{les diviſions} \end{cases}$$

du Commandant en chef, répété ſeulement par l'Officier ſupérieur commandant chaque bataillon & ſuivi du commandement,

Marche

répété par le commandant de chaque ſubdiviſion, les pelotons ſe formeront, ainſi qu'il a été preſcrit au *Titre VI, article 3, des manœuvres de détail.*

Les pelotons formés, ſi la colonne devoit marcher par diviſion, le Commandant en chef fera les commandemens pour former les diviſions, ce qui ſe commanderoit & s'exécuteroit, ainſi qu'il vient d'être preſcrit pour former les pelotons.

La tête du premier bataillon de la colonne arrivant à diſtance du front de deux pelotons de la nouvelle ligne de direction, l'Officier ſupérieur de ce bataillon commandera, *Chef de peloton* ou *de diviſion à l'aile gauche.*

Le chef des ſubdiviſions dénommées, ſe portera à côté de l'homme de gauche de la ſubdiviſion.

L'Officier ou le bas Officier qui marchoit à cette aile, lui cédera ſa place, & paſſera en ſerre-file, afin que l'Officier chargé du chef-de-file & de la diſtance, ſoit toujours ſeul dans ſa file.

L'Officier ſupérieur de chaque bataillon, fera le même commandement à meſure que ſon bataillon arrivera ſur le terrein qu'occupoit le premier de la colonne.

Le Commandant en chef ou l'Officier supérieur qu'il aura chargé de ses ordres, conduira la tête de la colonne de manière que la subdivision de la tête arrive, au moins de tout son front au-dessous du point intermédiaire placé entre les deux points de direction.

Lorsque la subdivision de la tête de la colonne sera arrivée assez près de la nouvelle ligne de direction, (ce qui lui sera indiqué par le Commandant en chef ou l'Officier supérieur de son bataillon) pour qu'en tournant à droite, le chef de la subdivision placé à l'aile gauche ne la dépasse pas, le chef de cette subdivision commencera à marcher circulairement à droite, & sa subdivision se conformera successivement à sa direction, suivant ce qui a été prescrit au *Titre IX, article 2, de la marche en colonne pour une colonne ayant sa droite en tête devant changer de direction à droite.*

Arrivé de sa personne sur la nouvelle ligne de direction, il marchera droit sur le point de direction en avant & le point intermédiaire placé entre les points de direction, il passera contre lui, le laissant à sa gauche, & arrivé à sa hauteur, il cherchera entre le point en avant & lui-même des points intermédiaires sur le terrein, & marchera exactement sur cette nouvelle ligne qui servira de direction à toute la colonne.

Chaque subdivision de la colonne ayant son chef placé à son aile gauche, viendra tourner sur le terrein où aura tourné la première; la colonne continuera de porter l'arme au bras.

Aussitôt que le chef de la seconde subdivision de la colonne sera arrivé sur la nouvelle ligne de direction, il se mettra au chef-de-file sur le chef de la première subdivision, & le point de direction en avant, que celui-ci devra lui cacher exactement, & qui lui sera indiqué, ou par l'Officier supérieur commandant le bataillon, ou par celui qui sera placé au point intermédiaire.

Les

Les chefs des autres fubdivifions fe tiendront correctement au chef-de-file, en obfervant exactement la diftance qu'ils doivent avoir dans la colonne qui marchera au pas ordinaire, l'arme au bras.

L'Officier fupérieur commandant chaque bataillon, fe tiendra à la tête de fon bataillon, & fe retournera fouvent pour voir fi les chefs de peloton obfervent exactement leur chef-de-file.

Le Commandant en chef fe tiendra à la tête de la colonne, & examinera fouvent fi la queue de la colonne répond exactement au point de direction en arrière *C*, d'après la direction de la tête.

Si les chefs-de-file étant exactement obfervés de la tête à la queue de la colonne, le chef du premier peloton fe jette à droite ou à gauche, on s'en apercevra aifément par le prolongement de la colonne qui couvrira ou découvrira trop les points en arrière.

Si le point de direction en arrière eft trop découvert, le Commandant en chef fera appuyer la tête de la colonne un peu à gauche, le chef du fecond peloton prendra de nouveau fon chef-de-file, de manière que le chef du premier peloton lui couvre exactement le point de direction en avant; toute la colonne fuivra fucceffivement, le même mouvement.

Si le point de direction en arrière eft mafqué, on y remédiera par des mouvemens contraires.

Ces variations, dans la direction de la colonne, ne peuvent avoir lieu que par l'inattention de l'Officier, qui marchant à l'aile de la première fubdivifion de la colonne, auroit négligé de choifir & de fuivre la direction des points intermédiaires qui fe trouveront entre lui & le point de direction en avant, à l'inftant où il fera arrivé fur la nouvelle ligne. Si cet Officier a marché droit, & fi le chef-de-file a été exactement obfervé pendant la marche,

D d

les points de direction se trouveront précisément en avant du front lorsque la colonne sera reformée en bataille.

Chaque subdivision sera toujours correctement alignée, & joindra exactement du côté de l'Officier qui marchera à son aile gauche, & qui sera chargé de la conservation du pas, de la distance & du chef-de-file.

Chacun de ces Officiers ne perdra pas de vue son chef-de-file, & marchera droit en avant sans tourner les épaules ni à droite ni à gauche, & en ayant attention qu'à tous les instans de la marche l'Officier qui le précédera immédiatement, lui couvre exactement tous ceux qui sont en avant.

Les Officiers & bas Officiers de serre-file auront la plus grande attention à ce que les pelotons marchent carrément sur la ligne donnée, & que les Soldats soient constamment au même pas, & se joignent bras à bras, mais sans être serrés du côté de l'Officier qui est au pivot, la colonne entière marchera au même pas.

La tête de la colonne étant arrivée au point où doit appuyer la droite de la ligne, le Commandant en chef commandera :

1.

Colonne.

2.

Halte.

À ce dernier commandement, la colonne arrêtera en se conformant pour les commandemens, pour la répétition des commandemens & pour leur exécution, à tout ce qui a été prescrit au *Titre IX, article 1.er des règles générales de la marche des colonnes ;* excepté que le chef de chaque subdivision chargé de la conservation du chef-de-file ne bougera pas de sa place pour aligner sa division, il y jettera seulement un coup d'œil, mais restera principalement fixé sur l'alignement en file de tous les pivots, afin de pouvoir avec la plus grande célérité rectifier cet alignement, si ceux qui sont avant lui faisoient quelque mouvement en se jetant un peu plus à droite, ou un peu plus à gauche, ce qui ne peut cependant arriver que dans le cas où ces Officiers auroient apporté quelque négligence pendant la marche.

Le Commandant en chef commandera ensuite :

I.

À gauche, en bataille.

2.

Marche.

Au premier commandement répété par l'Officier supérieur de chaque bataillon, un Serre-file de l'aile droite de la subdivision de la tête de chaque bataillon, se portera sur l'alignement des pivots gauches, à la distance au moins du front de sa subdivision pour déterminer exactement le point où le chef de cette subdivision devra arrêter son mouvement de conversion, ce qui sera exécuté généralement à chaque subdivision qui aura la tête d'une colonne & d'un bataillon.

En même temps tous les chefs de subdivision placés ordinairement à l'aile droite de leur subdivision, s'y porteront légèrement pour conduire l'aile marchante de la conversion.

Au second commandement *marche*, qui sera répété par les Officiers supérieurs commandant chaque bataillon, & le chef de chaque subdivision, l'homme du premier rang de l'aile gauche de chaque subdivision, fera brusquement *à gauche* sur le talon gauche, & la colonne se mettra en bataille par un mouvement de conversion à gauche.

Le mouvement de conversion fini, le chef de chaque subdivision commandera, *halte;* un instant avant d'arriver lui-même à hauteur de l'homme de gauche de la subdivision qui précédoit la sienne dans la colonne, il s'alignera de sa personne sur le pivot de cette subdivision, & commandera, *alignement;* il rectifiera son alignement de la droite à la gauche, en portant la tête sur le rang, en avançant un peu le corps, & même en sortant hors du rang s'il eſt néceſſaire; obſervant que les hommes qui ont ſervi de pivot ne doivent jamais bouger, & que ſon premier rang s'aligne avec la plus grande vivacité.

Nota. Lorſqu'on voudra faire mettre inopinément en bataille une colonne en marche de route, comme il eſt dit au dernier *alinea* de *l'article 1.er du Titre IX*, ſans que les chefs de ſubdiviſion aient été placés à l'aile, côté du chef-de-file, au commandement *à gauche* ou *à droite* = *en bataille*, les Officiers ou bas Officiers placés à cette aile ſe remettront à leur place, & les chefs de ſubdiviſion ſe porteront à l'aile marchante.

Pelotons qui ne font point encore entrés dans la nouvelle ligne de direction.

Si à l'inſtant où la tête de la colonne arrivera au point où devra appuyer la droite de la ligne, quelques pelotons n'étoient pas encore entrés dans la nouvelle direction; ce qui n'y ſeroit point encore entré, arrêteroit comme le reſte de la colonne, au commandement *halte*, du Commandant en chef.

Au commandement *à gauche* = *en bataille*, fait à tous les pelotons qui ſeront ſur la ligne de direction, l'Officier ſupérieur commandant le bataillon, dont quelques pelotons ne ſeroient point encore entrés dans la nouvelle ligne de direction, leur commandera, auſſitôt après:

1.
Par le flanc gauche.

2.
Bataillon = *à gauche*,

ſi c'eſt un bataillon entier.

Derniers pelotons, ou *dernier peloton* = *à gauche*,

ſi ce n'eſt qu'une portion de bataillon.

Au commandement *à gauche*, répété par chaque chef de ces pelotons, les pelotons feront *à gauche*, & leur chef ſe placera au côté droit du premier homme de ſa file gauche.

Toutes les fois qu'une ſubdiviſion devra ſe porter par ſon flanc ſur la nouvelle ligne ſi c'eſt par le flanc gauche, le premier homme de ce flanc ſera le même ſerre-file

qui

qui conduifoit ce flanc avant que le chef de la fubdivifion vînt s'y placer, & ce fera au côté droit de ce ferre-file qui reftera à ce flanc s'il s'y trouve, qui s'y placera s'il n'y étoit pas, auffitôt que le peloton aura fait *à gauche*, que marchera le chef de la fubdivifion.

Lorfque cette fubdivifion s'arrêtera fur la nouvelle ligne, au commandement *halte*, le ferre-file rentrera à fa place ordinaire, pour laiffer le chef de la fubdivifion fe placer feul à l'aile gauche.

Si au contraire la fubdivifion marchoit par le flanc droit, tout ce qui vient d'être prefcrit pour le ferre-file le plus près du flanc gauche, fera exécuté dans les mêmes circonftances & dans les mêmes inftans, par le bas Officier de remplacement, qui eft habituellement derrière le chef de peloton.

Tout ce qui vient d'être prefcrit ci-deffus ne fera plus répété.

L'Officier fupérieur commandera enfuite :

Marche.

A ce commandement, répété par le chef de chaque peloton, tous les pelotons marcheront au pas de manœuvre par leur flanc gauche. Le premier peloton de ceux qui n'étoient pas encore entrés dans la nouvelle ligne de direction, fera conduit fur cette nouvelle ligne par fon chef, qui aura attention de faire arriver fon flanc gauche, & lui-même de fa perfonne, au point où devra fe trouver la gauche de fon peloton. Étant arrivé à ce point, où il précèdera de deux ou trois pas fon premier homme, il s'alignera fur la nouvelle ligne de direction, en faifant face au flanc de la ligne déjà formée, de manière à découvrir la fuperficie de l'alignement du premier rang, & à ce que fon premier homme fe trouve, en le joignant, correctement aligné fur le flanc.

Le chef de peloton obfervera entre lui & la dernière

E e

troupe à côté de laquelle il devra se mettre en bataille, la distance nécessaire pour contenir la sienne.

Il ajoutera l'intervalle du bataillon, s'il se trouve être la droite du bataillon.

Son premier homme arrivé près de lui, il commandera *halte* à son peloton, assez à temps pour que son premier homme arrête exactement contre lui ; il commandera ensuite, *front, à gauche = alignement*.

Aussitôt que le peloton qui devra venir se ranger derrière le sien, sera placé, & que le chef de ce peloton étant aligné en file, aura commandé *halte, front, à gauche = alignement*, le chef du peloton qui sera arrivé le premier se portera lestement à la droite de son peloton, en commandant *à gauche = en bataille ;* aussitôt qu'il y sera arrivé, il commandera *marche*, conduira le mouvement de conversion & l'arrêtera par les commandemens *halte, alignement*, en se conformant à tout ce qui est prescrit ci-dessus au chef de chaque subdivision pour se mettre en bataille.

Tous les autres pelotons de ce même bataillon, feront de même par *files à droite* au commandement *marche*, mais en ayant attention d'observer leur distance à droite & de se diriger de manière que le flanc gauche de leur peloton passe par le point où devra arrêter leur flanc droit lorsque leur flanc gauche sera arrivé sur la nouvelle ligne de direction, afin que de ce point le flanc gauche puisse, en changeant alors un peu sa direction, se diriger parallèlement au peloton qui sera déjà placé sur la nouvelle ligne de direction.

A mesure que le flanc gauche de chaque peloton, arrivera au point où il devra arrêter, chaque chef lui commandera *halte, front à gauche alignement, à gauche en bataille, marche ;* ce qui s'exécutera comme il vient d'être prescrit pour le peloton qui s'est trouvé le premier arrivé par le flanc sur la nouvelle ligne de direction ; de

manière que chaque peloton ne fe mette en bataille que
lorfque le peloton d'après fera arrivé, & qu'il fe fera aligné.

Bataillons qui ne font point encore entrés dans la nouvelle ligne de direction.

SI plufieurs bataillons n'étoient point encore entrés
dans la nouvelle ligne de direction, l'Officier fupérieur
de chaque bataillon, auffitôt qu'on commandera *à gauche
en bataille*, & qu'il verra les pelotons du bataillon le plus
voifin de la ligne de direction dans la difpofition de s'y
ranger par le flanc, commandera à fon bataillon :

PLANCHE V.

1.

Par bataillon en avant, diagonalement en colonne.

2.

Marche.

Ce qui fera répété jufqu'à la queue de la colonne par
l'Officier fupérieur commandant chaque bataillon, lequel
devra obferver avec attention ce qui fe paffera en avant
de lui.

Chacun dirigera fur le champ par les principes prefcrits
au *Titre IX, article 2, de la marche en colonne*, le peloton
de la tête de fon bataillon par la ligne la plus courte,
& au pas de manœuvre, ou au moins au pas de route,
vers le point où devra arriver la droite de fon bataillon;
le Commandant du régiment, le Major ou l'Adjudant
fe portera promptement fur la nouvelle ligne de direction,
afin de fervir de point de renfeignement à la tête de fon
premier bataillon.

Tous les autres bataillons de la colonne fe déboîteront
de même de la colonne principale pour former chacun
la leur & pour aller par le plus court chemin, & de même
au pas de manœuvre, ou au moins au pas de route, fe
porter vers la ligne de bataille.

Ces bataillons vingt pas après être déboîtés, porteront

l'arme au bras au commandement du chef de chaque subdivision, sur l'ordre qui en sera donné par l'Officier supérieur commandant chaque bataillon, & chaque bataillon ne reportera l'arme qu'au commandement *halte*, qui sera fait à l'instant où les pelotons devront entrer par le flanc sur la nouvelle ligne.

Lorsque le premier bataillon, qui se sera ainsi déboîté de la colonne, arrivera vis-à-vis le point où devra appuyer sa droite, & à distance d'un peloton de la ligne de bataille, l'Officier supérieur commandera:

1.

Par le flanc gauche.

2.

Bataillon — halte.

3.

A gauche.

4.

Marche.

Tous les pelotons de son bataillon se conformeront, pour venir successivement se placer dans la nouvelle ligne de direction, à ce qui vient d'être prescrit pour les premiers pelotons qui se sont trouvés dans le même cas.

Aussitôt que le Commandant du régiment, le Major ou l'Adjudant, qui étoit placé au point où devoit appuyer la droite du régiment, aura vu mettre en bataille le peloton de droite, il se portera promptement, pour servir de même de point de renseignement au second bataillon.

L'Officier supérieur veillera de la droite sur l'alignement de son bataillon.

Tout ce qui vient d'être prescrit sera exécuté de même dans chaque bataillon & dans chaque régiment, à mesure que chaque bataillon déboîté de la colonne principale approchera de la nouvelle ligne de direction.

ART 4.

ARTICLE 4.

Colonne la droite en tête, arrivant par-devant la nouvelle ligne de direction, arrêtant sur cette ligne, & s'y formant en bataille.

SI une colonne, ayant la droite en tête, arrive par-devant la ligne de direction qu'elle doit occuper en bataille, & par conséquent pour faire face au côté opposé à sa marche & à la position désignée dans *l'article précédent*, ce qui équivaut à un mouvement rétrograde, qu'on exécuteroit cependant en marchant par le premier rang; le Commandant en chef, après avoir exécuté tout ce qui vient d'être prescrit, & avoir mis la colonne au pas ordinaire, en dirigera la tête de manière à ce que l'Officier placé à l'aile gauche de chaque peloton arrivant sur la nouvelle ligne de direction au point où la colonne devra changer de direction à gauche, suivant les principes prescrits au *Titre I X, article 2, de la marche en colonne*, tourne au-dessous de l'Officier placé dans le point intermédiaire de la nouvelle direction, ou tout au moins autour de lui, en le laissant à sa gauche, pour de-là cherchant entre le point en avant & lui-même, quelques points intermédiaires que pourra offrir le terrein, se diriger sur cette ligne qui servira de direction à toute la colonne.

Tous les pelotons suivront la tête de la colonne, en venant successivement avec chacun leur chef à leur flanc gauche, changer de direction, & tourner à gauche pour se diriger sur la nouvelle ligne, ainsi qu'il a été expliqué précédemment.

La tête de la colonne étant arrivée au point où devra appuyer la droite de la ligne, sera arrêtée & mise en bataille, comme il vient d'être expliqué à l'article précédent.

F f

Pelotons qui ne font point encore entrés dans la nouvelle ligne de direction.

 Si quelques pelotons n'étoient pas encore entrés dans la nouvelle ligne de direction, lorſque la tête de la colonne arrêtera, ces pelotons arrêteront en même temps que la colonne; après quoi l'Officier ſupérieur commandant ce bataillon, auſſitôt après avoir commandé *à gauche en bataille*, leur commandera, ainſi qu'il vient d'être preſcrit ci-deſſus pour un bataillon ou une portion de bataillon.

I.

Par le flanc droit.

2.

Bataillons ou *derniers pelotons* $=$ *à droite.*

3.

Marche.

Au commandement *à droite*, répété par le chef de chaque peloton qui ſe ſera porté au premier commandement, au côté gauche de l'homme de ſa droite, ils feront *à droite.*

Au troiſième, répété de même, le premier peloton à entrer dans la nouvelle direction, fera *par file à gauche,* conduit par ſon chef, qui ſe dirigera de manière à arriver, avec ſa première file, au point où devra ſe trouver la gauche de ſon peloton.

Le chef arrivé à ce point, laiſſera couler ſon peloton, ſe placera de ſa perſonne à la diſtance néceſſaire pour mettre ſa troupe en bataille, entre lui & le peloton qui le précédoit immédiatement dans la colonne, en faiſant face ſur l'alignement du premier rang de la ligne,

Auſſitôt que ſon homme de droite aura marché un nombre de pas égal à l'étendue du front de ſon peloton, il commandera *halte, front, à gauche $=$ alignement,* ſans fe déranger de fon alignement; il obfervera qu'au commandement *à gauche = alignement*, fon homme de gauche fe joigne immédiatement à fa droite.

Lorfque le peloton qui devra fe ranger après le fien fera placé & aligné, il commandera, en fe portant à l'aile droite, *à gauche en bataille, marche*, & arrêtera le mouvement de converfion, ainfi qu'il eft prefcrit dans *l'article précédent*, par les commandemens *halte, alignement*.

Tous les pelotons de ce même bataillon, qui de même n'étoient pas entrés dans la colonne lorfqu'elle a arrêté, après s'être ébranlés tous en même temps au commandement *marche*, & avoir fait *par files à gauche*, fe conformeront exactement, en obfervant leur diftance à gauche à tout ce qui vient d'être prefcrit pour le peloton qui a marché le premier par le flanc.

Bataillons qui ne font point encore entrés dans la nouvelle ligne de direction.

Tous les autres bataillons de la colonne, qui fe trouveroient dans le même cas que ces pelotons, arrêteroient en même temps que le refte de la colonne, & l'Officier fupérieur de chacun, au commandement *à gauche en bataille*, fait au refte de la ligne, commanderoit:

1.

Par bataillon, en arrière diagonalement en colonne.

2.

Marche.

A ce commandement, la tête de chaque bataillon, dirigée diagonalement par fon chef, fuivant les principes indiqués au *Titre IX, article 2, de la marche en colonne*, fe déboîtera de la colonne principale, pour former chacun leur colonne féparée.

Un Officier fupérieur de chaque régiment, fe portera promptement, comme il a été prefcrit dans l'article précédent, fur la nouvelle ligne de direction, pour fervir de point de renfeignement à la tête de fon premier bataillon qui fe dirigera fur lui.

Ce premier bataillon arrivant à diftance du front d'un peloton de la nouvelle ligne, l'Officier fupérieur commandera :

1.

Par le flanc droit.

2.

Bataillon = halte.

3.

À droite.

4.

Marche.

A ce dernier commandement, chaque peloton faifant *par file à gauche*, & fe dirigeant en confervant fa diftance à gauche fur le terrein que devra occuper fa gauche ira, conduit par fon chef placé au flanc droit, fe conformer à tout ce qui vient d'être prefcrit pour les premiers pelotons qui ont dû entrer par le flanc droit, dans la nouvelle ligne de direction.

Chaque bataillon de la queue de la colonne marchera ainfi en colonne par bataillon, jufqu'à ce qu'il foit à diftance du front d'un peloton de la nouvelle ligne de direction, afin que dans tous les cas il n'y ait jamais plus d'un bataillon marchant ainfi par le flanc.

A R T I C L E 5.

Colonne la gauche en tête, arrivant par-derrière la ligne de direction, arrêtant fur cette ligne, & s'y formant en bataille.

L'INVERSE s'exécutera dans une colonne rompue à gauche, arrivant derrière la nouvelle ligne de direction, excepté

excepté que les chefs de fubdivifion fe trouvant alors à la droite pour prendre le chef-de-file; le bas Officier qui eft derrière eux paffera en ferre-files pendant la marche de la colonne, afin que l'Officier chargé de conferver le chef-de-file & la diftance, foit toujours feul dans fa file; ce bas Officier ne reviendra à la droite du dernier rang, que lorfque le peloton fera rentré en ligne.

Dans le même cas d'une colonne rompue à gauche, au commandement *à droite, en bataille*, les chefs de fubdivifion qui fe trouveront placés à l'aile droite pour conferver le chef-de-file, fe porteront légèrement à l'aile gauche pour conduire le mouvement de converfion.

Le Lieutenant qui, dans l'ordre de bataille, ferme la gauche du bataillon, reculera au deuxième rang pour céder fa place au chef de fon peloton.

Les chefs de fubdivifion commanderont, après le mouvement de converfion fini, *halte, à gauche = alignement;* ils rectifieront l'alignement de leur fubdivifion, & au commandement *tête = à droite*, fait par l'Officier fupérieur du bataillon; lorfque le bataillon fera aligné, ils reprendront promptement leurs places de bataille, en paffant par-devant le front de leurs fubdivifions.

Pelotons qui ne font point encore entrés dans la nouvelle ligne de direction.

IL faut encore obferver que dans tous les cas où les pelotons, dans la colonne ayant la droite en tête, auroient fait *à gauche*, & marché *par files à droite* par leur flanc gauche, ceux-ci dans les mêmes fuppofitions feroient *à droite*, & marcheroient *par files à gauche* par leur flanc droit.

Bataillons qui ne font point encore entrés dans la nouvelle ligne de direction.

QUANT aux bataillons qui n'étant pas encore entrés

dans la nouvelle direction, devront se déboîter de la colonne principale, la colonne avec la gauche en tête arrivant par-derrière la nouvelle ligne de direction, ces bataillons se déboîteront par le commandement.

Par bataillon, en avant.

Diagonalement, en colonne.

Et par conséquent en tournant en demi à droite.

ARTICLE 6.

Colonne la gauche en tête, arrivant par-devant la nouvelle ligne de direction, s'arrêtant sur cette ligne, & s'y formant en bataille.

Si au contraire la colonne, avec la gauche en tête, arrive par-devant la nouvelle ligne de direction, les pelotons qui ne feront point entrés dans la nouvelle direction, y entreront par le flanc gauche, & les bataillons qui ne feront point entrés dans la nouvelle direction, se déboîteront de la colonne principale par le commandement ;

Par bataillon, en arrière,

Diagonalement, en colonne,

Et par conséquent en tournant en demi à gauche.

ARTICLE 7.

Tous les mouvemens précédens exécutés au pas de manœuvre, ou au pas de route.

Il n'y a aucun de ces mouvemens qui ne puisse & ne doive également s'exécuter au pas de manœuvre, ou au pas de route, même pour se prolonger sur les nouvelles lignes de direction.

Les régimens feront par conséquent exercés à les exécuter à tous les différens pas, mais on ne se servira du pas de manœuvre, qu'autant que les mouvemens feront exécutés avec affez peu de troupes, pour pouvoir foutenir cette vîteffe pendant toute la durée du mouvement.

Quoique tous ces mouvemens puiffent être fuppléés par les déploiemens, en fe conformant à ce qui fera prefcrit ci-après dans ce Titre, *article 1 0 ;* il eft cependant indifpenfable d'y exercer les Troupes.

1.° Parce qu'une ligne en bataille peut être dans le cas de fe prolonger régulièrement fur le même alignement, par fa droite ou par fa gauche, pour fuivre les mouvemens de l'ennemi.

2.° Parce qu'il eft poffible qu'en débouchant fur un terrein, les circonftances n'aient pas permis au Commandant en chef, en déterminant fes points de direction, de déterminer précifément fa droite ou fa gauche, & que les obfervations qu'il eft dans le cas de faire fur la pofition ou les mouvemens de l'ennemi, peuvent le décider, ou à arrêter fon mouvement plutôt qu'il n'avoit compté, ou à fe prolonger au-delà du point qu'il avoit d'abord fixé.

Les déploiemens ne pourroient être employés dans cette fuppofition, parce qu'alors la ligne ne pourroit fe prolonger que lorfqu'elle feroit déployée en entier.

Dans la première fuppofition, on fe conformeroit à ce qui vient d'être prefcrit dans les quatre articles précédens; & cette fuppofition établit le principe, d'après lequel une ligne peut occuper en avant ou en arrière de fon front, toutes les pofitions qui peuvent être néceffaires pour fe prolonger fur la nouvelle ligne de direction.

Dans la feconde, fi le Commandant en chef après avoir arrêté la colonne & l'avoir fait mettre en bataille, fe déterminoit à la faire rompre, & à la prolonger de nouveau fur le même alignement, ou dans une nouvelle direction, après que les bataillons de la queue qui n'auroient pu encore entrer dans la première position projetée, se feroient déja débottés de la colonne, & marcheroient diagonalement par bataillon, alors les mêmes bataillons, toujours par les principes indiqués au *Titre IX, article 2, de la marche en colonne*, se dirigeroient du sens opposé, chacun par leur tête, pour se recoudre l'un à l'autre sur la nouvelle ligne de direction, pour ne plus former successivement qu'une seule colonne à la suite de celle dont ils s'étoient d'abord séparés.

Si dans ce moment quelques pelotons se trouvoient en chemin pour entrer par le flanc sur la nouvelle ligne de direction, l'Officier supérieur se porteroit promptement à ces pelotons, & pendant que la ligne romproit, il leur commanderoit *halte, front*. Ces pelotons arrêteroient, feroient *front*, & marcheroient ensuite en avant en même temps que la colonne.

Chacun de ces pelotons entrera alors l'un après l'autre successivement, & par le principe ordinaire de la marche en colonne dans la nouvelle ligne de direction; les pelotons ne devant jamais entrer par le flanc dans cette nouvelle ligne pendant que la colonne est en marche.

Cette dernière supposition établit en même temps le principe par lequel une ligne ou plusieurs en bataille l'une derrière l'autre, occuperont toutes les différentes positions qui peuvent être nécessaires en avant ou en arrière de leur front, en se prolongeant ou ne se prolongeant pas sur la nouvelle ligne de direction.

Cette attention regarde uniquement les Officiers supérieurs de chaque régiment ou bataillon, qui doivent continuellement observer ce qui se passe à côté ou en avant d'eux, suivant le point sur lequel ils doivent se régler.

ART. 8.

ARTICLE 8.

Colonne la droite en tête, arrivant par la droite du terrein qu'elle doit occuper en bataille, pour faire face à droite.

LE Commandant en chef, áprès avoir fait former les divifions s'il le juge à propos, ou au moins les pelotons, fi la colonne marchoit par fections, & avoir fait prendre le pas ordinaire ou le pas de manœuvre à la colonne, ou lui laiffant continuer le pas de route, commandera :

Sur la droite en bataille.

Auffitôt après ce commandement répété par l'Officier fupérieur commandant chaque bataillon, chaque Officier fupérieur commandera :

Chefs de divifions ou *de pelotons, à l'aile droite.*

Le chef de chaque peloton, en fe portant à l'aile droite, commandera *tête — à droite,* & marchera correctement à fon chef-de-file; l'Officier de ferre-file qui étoit placé à l'aile gauche y reftera.

A l'avertiffement ou au fignal que fera le Commandant en chef, au chef du peloton de la tête, le chef de ce peloton tournant à droite, fon peloton fe conformera à fa direction par le principe prefcrit au *Titre IX, article 2, de la marche en colonne.*

Il fe portera en avant jufque fur la nouvelle ligne de direction qui lui fera indiquée par l'Adjudant placé à la droite de la nouvelle ligne.

Précédant alors fon peloton d'un pas, en arrivant il commandera *halte, alignement.* A ce commandement, le peloton portera l'arme & s'alignera à droite.

Le Commandant en chef indiquera ou fera indiquer à ce chef de peloton le point de direction de gauche.

H h

L'Officier fupérieur du bataillon veillera de la droite à ce que le premier peloton fe mette exactement dans la nouvelle direction.

Le chef du fecond peloton de la colonne ayant continué de marcher droit en avant, & arrivant à hauteur de la file gauche du premier peloton, tournera à droite, fon peloton le fuivra en fe conformant aux principes de la marche en colonne.

Précédant alors fon peloton d'un pas, il arrivera contre & fur l'alignement du premier peloton, & commandera *halte, alignement.*

> Au premier commandement, le peloton arrêtera & portera l'arme. Le chef de peloton fe conformera pour arrêter fa troupe & pour l'aligner à ce qui eft prefcrit ci-après à *l'article 10* de ce Titre, pour les alignemens fucceffifs. Le Serre-file placé à la gauche, fe conformera à ce qui eft prefcrit auffi à cet article pour la célérité & la fûreté de l'alignement.

Chaque chef de peloton & chaque peloton de la colonne, exécutera fucceffivement ce qui vient d'être prefcrit pour le premier & le fecond peloton, l'Officier fupérieur veillant de la droite à l'alignement fur le point de direction de la gauche.

L'Officier fupérieur du fecond bataillon de la colonne fe placera d'avance au point où devra arriver la droite de fon premier peloton, en obfervant l'intervalle du bataillon, pour veiller fur l'alignement de fon premier peloton.

Ainfi de fuite de peloton en peloton & de bataillon en bataillon jufqu'à ce que celui de la gauche foit formé.

Dès que le fecond bataillon fera aligné, le premier portera l'arme au bras au commandement de l'Officier fupérieur.

ARTICLE 9.

Colonne, la gauche en tête, arrivant par la gauche
du terrein qu'elle doit occuper en bataille,
pour faire face à gauche.

On lui commandera :

Sur la gauche, en bataille,

ce qui s'exécutera par les mouvemens contraires, le chef
de chaque peloton se portant à l'aile gauche, au lieu de
l'aile droite, & commandant en arrivant sur la ligne de
direction, *halte, à gauche = alignement,* & restant à la
gauche de son peloton jusqu'à ce que le bataillon étant
formé & aligné, l'Officier supérieur commandera, *tête*
à droite. A ce commandement, le bataillon tournera la
tête à droite, & chaque chef de peloton ira prompte-
tement regagner la droite de son peloton.

ARTICLE 10.

Des déploiemens des colonnes ferrées, règles
générales pour les commandemens de ces
colonnes ferrées, & principes généraux des
déploiemens.

TOUTE troupe ferrée en masse exécutera ses mouvemens au commandement du Commandant en chef ;
les Officiers supérieurs de chaque bataillon avertiront
feulement à demi-voix leur bataillon du mouvement qu'il
aura à faire. Le chef de chaque subdivision fera feulement
les commandemens de détail néceffaires au mouvement
particulier de chaque subdivision, lefquels feront prefcrits
ci-après.

Le Commandant en chef déterminera d'avance,
autant que les circonftances le permettront, les points de

direction de fa droite & de fa gauche par les moyens prefcrits à ce Titre, *article 2.*

Lorfqu'une colonne approchera du terrein fur lequel elle devra fe déployer, le Commandant en chef fera le commandement :

1.

À diftance de feCtion, ferrez la colonne.

2.

Marche.

Au premier commandement répété par les Officiers fupérieurs de bataillon, la colonne continuera de marcher le pas ordinaire.

Au fecond commandement répété par l'Officier fupérieur de chaque bataillon, & par les chefs de pelotons, tous les pelotons, excepté le premier, prendront le pas de manœuvre. A mefure que chacun fera ferré à diftance de feCtion, il reprendra le pas ordinaire au commandement de fon chef.

Lorfque les derniers pelotons de la colonne auront ferré à diftance de feCtion, le Commandant en chef commandera :

1.

Formez les divifions.

2.

Marche.

Le premier commandement fera répété feulement par les Officiers fupérieurs de chaque bataillon.

Au fecond commandement répété par les Officiers fupérieurs de chaque bataillon & par les chefs de peloton, les divifions fe formeront ainfi qu'il eft prefcrit *au Titre VI, article 3, des manœuvres de détail.*

Les divifions étant formées, le Commandant en chef commandera :

1.

En maffe, ferrez la colonne.

2.

2.

Marche.

Le premier commandement fera répété par l'Officier fupérieur de chaque bataillon.

Au fecond, répété par l'Officier fupérieur de chaque bataillon & par le chef de chaque divifion, toutes les divifions, excepté la première, prendront le pas de manœuvre pour ferrer à deux pas de diftance ; les Serre-files ferreront contre le troifième rang de leur divifion.

Chaque divifion prendra le pas ordinaire au commandement de fon chef, à mefure qu'elle fera ferrée à la diftance preferite.

Lorfque le Commandant en chef commandera *colonne, halte*, toutes les divifions qui feront déjà en maffe, arrêteront à fon commandement, celles qui ne feront point ferrées n'arrêteront qu'au commandement de leur chef à mefure qu'elles feront ferrées.

Le Commandant en chef placera d'avance, fi c'eft une colonne compofée de plufieurs régimens, deux Adjudans dans les points de direction de fa droite & de fa gauche, & il arrêtera toujours la tête de la colonne immédiatement contre ces Adjudans qui feront face à un des points de direction, & qui feront diftans l'un de l'autre du front d'une divifion.

Si c'eft un régiment feul, le Colonel placera l'Adjudant avec un bas Officier.

Toutes les fois qu'une colonne devra fe déployer, l'Officier fupérieur de chaque bataillon fe portera à la tête de la colonne, pour recevoir du Commandant en chef les points de direction, & ira promptement après rejoindre fon bataillon.

Toutes les fois que la divifion de la tête de la colonne ne fera point divifion d'alignement, la divifion défignée auffitôt qu'elle fera démafquée, fe portera au pas de manœuvre fur le terrein qu'occupoit la divifion de la

I i

tête de la colonne, pour se placer contre & en arrière des deux Adjudans, ou de l'Adjudant & du bas Officier placés sur les points de direction, de manière que, l'alignement pris, les points de direction se trouvent précisément en avant du front; les Adjudans ou bas Officiers démasqueront la division aussitôt qu'elle sera alignée.

Toutes les fois que la division de la tête de la colonne sera division d'alignement, les divisions en se déployant se rapprocheront assez de l'alignement, sans cependant jamais le dépasser, pour que la division n'ait que peu de pas à faire après le commandement *halte*, *front*, qui sera prescrit ci-après.

Dans le cas où une division, en se déployant, se seroit approchée assez près de l'alignement, pour n'avoir qu'un ou deux pas à faire pour s'y porter, alors le chef de la division, au lieu de commander, *pas de manœuvre = marche*, après avoir commandé *front*, ne commandera qu'*alignement* ou *à gauche = alignement*, suivant les circonstances.

Toutes les fois qu'une colonne aura sa droite en tête, les divisions auront la tête à gauche, soit en serrant, soit après avoir serré, jusqu'au commandement *halte*, on observera l'inverse dans une colonne ayant sa gauche en tête.

Cette règle sera généralement observée, excepté dans le cas où plusieurs colonnes, marchant à même hauteur, feront obligées de se régler les unes sur les autres.

Le Commandant en chef indiquera alors de quel côté la tête devra être tournée.

Si une colonne ayant sa droite en tête, arrive par derrière la droite du terrein qu'elle devra occuper en bataille, elle se déploiera sur la première division, & toute entière par sa gauche.

Et si cette colonne avoit sa gauche en tête, elle se

déploieroit également toute entière par sa gauche, mais
sur la dernière division de la colonne.

Si une colonne ayant sa droite en tête, arrive par-
derrière la gauche du terrein qu'elle devra occuper en
bataille, elle se déploiera sur sa dernière division, & toute
entière par sa droite.

Si cette colonne avoit sa gauche en tête, elle se
déploieroit également toute entière par sa droite, mais
sur la première division de la colonne.

Si une colonne, ayant sa droite en tête, arrive sur une
autre portion du terrein qu'elle doit occuper en bataille,
le Commandant en chef désignera la division qui devra
servir de division d'alignement, suivant la quantité de
bataillons qui devra se porter à droite ou à gauche. Toutes
les divisions de la tête, qui devront déployer par la droite,
feront *à droite;* les divisions de la queue, qui devront
déployer par la gauche, feront *à gauche,* au commandement du Commandant en chef.

Et si cette colonne avoit sa gauche en tête, les divisions
de la tête se déploieroient par leur gauche, & les divisions
de la queue se déploieroient par leur droite.

Les déploiemens se feront toujours au pas de manœuvre.

Aussitôt que les divisions auront fait *à droite* ou *à
gauche,* l'Officier de serre-file, le plus près du flanc par
lequel sa division devra marcher, s'il ne s'y trouve pas
d'Officier ou de bas Officier, se portera à ce flanc devant
l'homme du premier rang ; le chef de subdivision restant
au centre; l'Officier de serre-file, comptera un nombre
de pas égal au front de sa division, en commençant à
compter son premier pas au commandement *halte,* fait à
la division qui déploie avant la sienne. Le chef de chaque
division aura attention de commander *halte,* aussitôt qu'il
verra que la tête de sa division sera à hauteur du terrein
qu'elle doit occuper en bataille; & les files qui auroient
pu s'ouvrir serreront brusquement à leur distance.

Le Colonel & le Major veilleront fur le déploiement.

L'Officier fupérieur de chaque bataillon, veillera fur l'alignement de fon bataillon, de la droite fi le point de direction eft à gauche, de la gauche fi le point de direction eft à droite, & du centre s'il eft à droite & à gauche.

EXEMPLE.

Déploiement d'une colonne de deux bataillons, ayant fa droite en tête, arrivant par le centre du terrein qu'elle doit occuper après le déploiement.

LES points de direction choifis, la compagnie de Grenadiers du premier bataillon étant arrivée contre l'Adjudant & le bas Officier, les points de direction étant indiqués aux Officiers fupérieurs de chaque bataillon, le Commandant en chef commandera :

I.

Sur la quatrième divifion du premier bataillon, déployez la colonne.

2.

À droite & à gauche.

3.

Marche.

Au fecond commandement, la compagnie de Grenadiers & les trois premières divifions du premier bataillon feront *à droite*, la compagnie de Grenadiers fe portant promptement par le flanc droit, au commandement de fon Capitaine, à hauteur du flanc droit de la première divifion de Fufiliers.

Toutes les fois qu'une compagnie de Grenadiers fera à la tête d'une colonne, & que cette colonne devra fe déployer par le flanc oppofé à celui par lequel fe fera pris le chef-de-file, les Grenadiers fe porteront légèrement, & au commandement, à demi-voix, du Capitaine-commandant, ou du Capitaine en fecond, fi on eft par peloton,

peloton, à hauteur du flanc par lequel on déploiera.

Le second bataillon fera *à gauche*, la quatrième division du premier bataillon ne bougera pas ; le Capitaine de Grenadiers du premier bataillon se placera à côté de l'homme de droite de sa compagnie, faisant face au point de direction de la droite; il choisira sur le champ quelques points intermédiaires sur le terrein, entre l'objet indiqué & lui-même.

Au troisième commandement, toutes les divisions qui auront fait à droite, marcheront par leur flanc droit; les Officiers de remplacement, placés à ce flanc, s'aligneront & observeront à gauche la distance de deux pas.

Les divisions qui auront fait à gauche, marcheront par leur flanc gauche; les Officiers de serre-file placés à ce flanc, s'aligneront & observeront leur distance à droite.

Aussitôt que la troisième division du premier bataillon aura marché un nombre de pas égal à son front; son chef lui commandera *halte, front, tête = à gauche*, en se portant un pas en avant de la gauche de sa division.

Aussitôt que la quatrième division du premier bataillon sera démasquée, son chef, qui en commandant *tête = à gauche*, se sera placé en avant de sa file gauche, aussitôt que sa division aura été désignée pour division d'alignement, commandera *pas de manœuvre = marche* à cette division & la conduira sur la ligne de direction; le chef de la troisième division, attendra pour lui commander *pas de manœuvre = marche*, qu'elle soit démasquée par la seconde division; le déploiement continuant ainsi pour chaque division de la droite, qui se portera successivement par échelons au pas ordinaire sur le nouvel alignement.

A mesure que chaque division de droite arrivera à un pas du nouvel alignement, son chef qui, à cet instant, sera sur l'alignement, & qui aura attention de marcher jusqu'à ce qu'il aperçoive la superficie de l'alignement

K k

général, commandera à sa division, d'abord, *halte,* ensuite *à gauche = alignement* lorsqu'il se sera aligné lui-même.

Le bas Officier de remplacement qui aura conduit le flanc droit pendant le déploiement, en faisant un pas en avant, au commandement *halte,* se placera, ainsi que le chef de la division, sur l'alignement général du bataillon, de manière à en apercevoir la superficie, afin que le chef de la division puisse aligner sa division entre lui & ce bas Officier, qui, aussitôt que la division sera alignée, se reculera à sa place ordinaire, au troisième rang, pour laisser mettre devant lui le chef de la division suivante, qui en commandant *halte* à sa division, se placera de sa personne sur l'alignement général du bataillon avant de commander *à gauche = alignement,* & sans avoir égard à la fausse direction en arrière qu'auroit pu prendre la division arrivée avant la sienne.

Chaque chef de division observera pour principale règle, en alignant sa troupe, de l'empêcher de déborder la ligne de direction; & dans le cas où la droite de sa division seroit restée en arrière (ce qui ne doit pas arriver si le bas Officier de remplacement est attentif à se porter sur l'alignement général du bataillon), il raccorderoit son alignement sur le chef de la division suivante, aussitôt que celui-ci seroit placé.

La compagnie de Grenadiers du premier bataillon, aussitôt qu'elle aura démasqué la première division, fera *halte, front* au commandement de son Capitaine, lequel, après s'être porté à l'aile gauche, & s'être placé sur l'alignement général du bataillon, ainsi qu'il vient d'être prescrit pour les chefs des autres divisions, commandera, *à gauche = alignement,* en dirigeant l'alignement de sa troupe sur son bas Officier de remplacement, qui se placeroit de même de sa personne sur l'alignement général du bataillon, si la compagnie de Grenadiers étoit restée en arrière.

Ce principe doit s'obferver dans tous les alignemens fucceffifs, tant par la droite que par la gauche, afin que la fauffe direction qu'auroit pu prendre un peloton ou une divifion, ne fe communique pas fur tout le front de la ligne.

L'Officier fupérieur du bataillon, en fe portant à mefure le long du front, s'il eft néceffaire, dirigera l'alignement de fon bataillon fur le point de direction de droite; le bataillon étant aligné, les chefs de divifion fe porteront à leur place ordinaire, au commandement *tête = à droite,* fait par l'Officier fupérieur du bataillon.

Pendant que ceci s'exécutera par la droite, la première divifion du fecond bataillon, après avoir marché un nombre de pas égal à fon front, & aux fix toifes nécef- faires pour l'intervalle entre les bataillons, fera *halte, front* au commandement de fon chef, qui fe portera un pas en avant de la droite : auffitôt il lui commandera, *pas de manœuvre = marche,* elle fe redreffera en marchant; la gauche foutenant un peu, pour fe mettre parallèlement à la nouvelle ligne de direction.

La feconde divifion, la troifième, la quatrième & la compagnie de Grenadiers, fe conformeront à ce qui vient d'être prefcrit pour la première divifion de ce bataillon.

L'Officier ou Serre-file qui aura conduit le flanc gauche de chacune de ces divifions, y compris la première, fera chargé pour la célérité & fûreté de l'alignement, de tout ce qui vient d'être prefcrit au bas Officier de remplacement dans les divifions qui déploient par le flanc droit.

Toutes ces divifions en fe déployant, marcheront un peu obliquement à droite, en obfervant fur-tout de refter toujours un peu en arrière de la nouvelle ligne de direction.

A mesure que chaque division arrivera à un pas du nouvel alignement, son chef qui, en la précédant d'un pas, se trouvera déjà sur l'alignement général du bataillon auquel il se conformera, commandera à sa division, d'abord *halte*, & ensuite *alignement* lorsqu'il se sera aligné lui-même.

En alignant sa troupe il en rectifiera l'alignement sur le serre-file qui aura conduit le flanc gauche, lequel rentrera à sa place, pour laisser mettre à la sienne le chef de la division suivante.

Le chef du second bataillon dirigera l'alignement sur le point de direction de gauche.

Lorsque la division d'alignement se trouvera être la seconde ou la troisième division d'un bataillon, ces deux divisions devant s'aligner, l'une à droite & l'autre à gauche; comme il se trouveroit alors deux chefs de division à côté l'un de l'autre, celui des deux dont la division aura été placée la première, se reculera au deuxième rang pour céder sa place à celui de la division qui viendra se placer à côté de la sienne.

Lorsque, par la nature du mouvement, l'Officier placé à la droite de sa division pour l'aligner, se trouvera couvrir le chef de la division d'alignement qui se seroit alignée à gauche, cet Officier s'effaceroit un peu pour laisser passer le chef de la division d'alignement, lorsque, au commandement, *tête = à droite*, fait par l'Officier supérieur du bataillon, il retourneroit à sa place.

ARTICLE 11.

Colonne avec la droite ou la gauche en tête, devant se déployer pour faire face du côté opposé à sa marche.

UNE colonne rompue par la droite ou par la gauche, devant se déployer pour faire front par son premier rang,

du

du côté oppofé à fa marche, fera la contre-marche, foit par peloton, foit par divifion, mais exécutera ce mouvement avant d'avoir ferré en maffe.

La contre-marche exécutée, le Commandant en chef fera ferrer à diftance de fection fi la colonne marchoit avant le mouvement, avec diftance entière entre les pelotons, fera former les divifions fi la colonne étoit encore par peloton, & enfuite ferrer en maffe.

Il fera enfuite déployer en fe conformant à ce qui vient d'être prefcrit.

A R T I C L E 1 2.

Deux colonnes marchant à même hauteur pour fe déployer en avant, & compofées chacune de la droite & de la gauche de première & feconde ligne.

S I l'on marchoit fur deux colonnes compofées, l'une des droites de première & feconde ligne, l'autre des gauches de première & feconde ligne, le Commandant en chef déterminera les points de direction pour la première ligne, indiquera la colonne fur laquelle on devra fe régler, & fixera combien de bataillons de chaque colonne devront fe déployer par la droite, & combien par la gauche.

Deux Adjudans chercheront auffitôt les points intermédiaires entre les points de direction, & fe placeront de manière à marquer exactement la diftance néceffaire, en proportion du nombre des bataillons qui devront fe déployer pour remplir le vide qui fera entre les deux colonnes.

Si la colonne de droite fert d'alignement, le chef-de-file dans les autres colonnes, fe prendra par la gauche, de quelque manière que les colonnes aient été formées, & les Commandans en chef de ces colonnes se placeront à la gauche de la division de la tête, pour la tenir alignée sur la tête de la colonne de droite. On observera l'inverse lorsque la colonne de gauche servira d'alignement.

Les têtes des colonnes de la seconde ligne, observeront pendant la marche, la distance qui leur sera prescrite, si la profondeur des colonnes de première ligne est moindre que la distance qui aura été déterminée entre la première & la seconde, & elles se déploieront parallèlement à la première; le reste s'exécutera comme il a été dit ci-dessus.

Si la profondeur des colonnes de première ligne, est plus que la distance déterminée entre les deux lignes, la tête des colonnes de seconde, joindra exactement la queue des colonnes de première ligne; les colonnes de seconde ligne se déploieront en même-temps qu'elle, & les bataillons de seconde ligne se porteront bataillon par bataillon, à mesure que chacun sera déployé à la distance déterminée.

ARTICLE 13.

Colonne composée d'un plus grand nombre de bataillons.

LORSQU'UNE colonne composée d'un nombre considérable de bataillons, débouchera pour aller se déployer en avant, sur une position dont les points de direction & les points où devra appuyer la droite & la gauche, auront été fixés; on subdivisera cette colonne en plusieurs, autant qu'il sera possible, par bataillon, par régiment ou par brigade, suivant l'ordre qui en sera donné par le Commandant en chef.

La tête de chacune des portions dénommées de la colonne, sortira par les commandemens & par les moyens prescrits, pour se séparer de la colonne principale, au *Titre VIII, des différentes manières de rompre,* pour se

porter diagonalement & par le chemin le plus court, fur
la nouvelle ligne de direction.

PREMIÈRE SUPPOSITION.

Si la colonne avec fa droite en tête, débouche vis-à-
vis de la droite du terrein que la ligne doit occuper en
bataille, toutes les portions dénommées fe dirigeront
diagonalement en avant, & la tête marchera droit en
avant.

DEUXIÈME SUPPOSITION.

Si la colonne avec fa gauche en tête, débouche vis-à-
vis de la gauche du terrein qu'elle doit occuper en bataille,
toutes les portions dénommées fe dirigeront diagonalement en avant, & la tête marchera droit devant elle.

TROISIÈME SUPPOSITION.

Si la colonne avec la droite en tête, débouche vis-à-
vis le centre du terrein qu'elle doit occuper en bataille,
le bataillon, le régiment ou la brigade de la tête, & tous
ceux qui précéderont le bataillon, le régiment ou la
brigade qui fe trouvera vis-à-vis de fon terrein, laquelle
marchera droit en avant, fe dirigeront diagonalement vers
la droite, & par conféquent en appuyant fur le côté oppofé
à celui qui ferviroit de pivot pour fe remettre en bataille;
mais en obfervant de paffer à la gauche du bataillon qui
les précédoit dans la colonne, en laiffant ce bataillon
à leur droite.

La tête de chaque bataillon, chaque régiment ou chaque
brigade, ne commencera à fe diriger diagonalement, que
lorfque le bataillon, le régiment ou la brigade qui précédoit dans la colonne en fera abfolument féparé.

Les bataillons de la queue de la colonne, fe conformeront à ce qui vient d'être prefcrit dans la première
fuppofition.

QUATRIÈME SUPPOSITION.

Si la colonne avoit la gauche en tête, elle fe conformeroit à ce qui eft prefcrit par des mouvemens inverfes.

CINQUIÈME SUPPOSITION.

Si la colonne avec la gauche en tête, arrivoit vis-à-vis la droite de son terrein, & si on vouloit la mettre en bataille par le déploiement, elle trouveroit dans la quatrième supposition, le principe d'après lequel chaque portion dénommée devroit se déboîter de la colonne principale, pour se diriger diagonalement.

SIXIÈME SUPPOSITION.

Si une colonne avec la droite en tête, arrivoit vis-à-vis la gauche de son terrein, & si on vouloit la former en bataille par le déploiement, elle trouveroit dans la troisième supposition, en appliquant à tous les bataillons, régimens ou brigades, les moyens prescrits pour les bataillons de la tête qui précédoient la portion de la colonne qui se trouvoit vis-à-vis de son terrein, le principe par lequel chacune des colonnes devroit se diriger.

Lorsqu'on divisera une colonne en plusieurs, on multipliera en raison du nombre des colonnes, le nombre des Officiers qui devront se porter en avant sur la ligne de direction; & ces Officiers auront attention de se placer sur l'alignement, d'observer de l'un à l'autre, la distance nécessaire entre la tête de chaque colonne qui se dirigera droit sur eux.

Si ces colonnes doivent se déployer, elles serreront à demi-distance, formeront les divisions, serreront en masse en chemin, ou en arrivant sur la nouvelle ligne de direction.

ARTICLE 14.

Déploiement d'une colonne serrée, en commençant par placer les bataillons à côté les uns des autres, chaque bataillon restant en colonne.

UNE colonne serrée en masse, de quelque nombre de bataillons qu'elle soit composée & formée par division,

débouchant

débouchant fur un terrein qui manqueroit de profondeur, & qui ne permettroit pas aux bataillons de la queue de fe porter par la diagonale fur le nouvel alignement, fe déploiera de la manière fuivante.

Dans cet exemple, on a fuppofé une colonne de quatre bataillons.

On commencera par placer les quatre bataillons en colonne, à côté les uns des autres, par les moyens fuivans.

Le Commandant en chef défignera le bataillon d'alignement, dans cet exemple, ce fera le troifième.

Le Commandant en chef commandera:

I.

Par bataillon en maffe fur le troifième bataillon, déployez la colonne.

2.

A droite & à gauche.

3.

Marche.

Au fecond commandement, le premier & le deuxième bataillon feront *à droite,* le quatrième fera *à gauche,* & le troifième ne bougera.

Au troifième commandement, le premier & le deuxième marcheront par leur flanc droit; auffitôt que le deuxième aura démafqué le troifième, & qu'il aura marché deux pas de plus, on lui commandera *halte, front, tête* = *à gauche.* L'Officier fupérieur commandant le troifième bataillon, commandera en même-temps *pas de manœuvre, marche,* à ce bataillon qui marchera avec la tête à gauche, il s'arrêtera & s'alignera au commandement de l'Officier fupérieur, fur l'alignement du premier rang du premier bataillon, marqué par deux Adjudans.

Le deuxième bataillon étant démafqué par le premier, avancera de même pour fe porter & s'arrêter fur l'alignement.

Le premier bataillon après avoir démafqué & marché

deux pas au-delà du deuxième, fera *halte, front, à gauche =*
alignement, & s'alignera aux deux autres.

Le quatrième bataillon après avoir fait *à gauche,* marchera par son flanc pour se démasquer de derrière, &
deux pas par de-là le troisième; lorsqu'il sera démasqué,
son Officier supérieur lui commandera *halte, front, pas*
de manœuvre = marche, pour le conduire & l'arrêter sur
l'alignement, par les commandemens *halte, alignement.*

Les compagnies de Grenadiers dans les bataillons
impairs, les premières divisions dans les bataillons pairs,
feront alors sur le même alignement, & seront chacune
suivies par les autres divisions, dans l'ordre qu'elles ont
dans les bataillons.

On conduira les quatre bataillons joints les uns aux
autres à deux pas près, sur le terrein sur lequel ils devront
se déployer, les deux de la droite, au commandement
marche, fait par le Commandant en chef, tourneront la tête
à gauche, les deux de la gauche marcheront avec la tête
à droite, & le Capitaine de Grenadiers du troisième
bataillon en comptant par la droite, se portera, au commandement *en avant,* six pas en avant pour marquer le
pas. Ils seront ainsi susceptibles d'être déployés sur telle
division qu'on jugera à propos suivant le terrein qu'on
aura à occuper sur la droite ou sur la gauche.

Le Commandant en chef aura placé d'avance deux
Adjudans sur l'alignement des points de direction, de
manière que la division de la tête du bataillon, dans
lequel se trouvera la division d'alignement, arrive contre
ces deux Adjudans qui feront face à un des points de
direction.

Dans cet exemple, les quatre bataillons sont supposés
arrivant sur le terrein du déploiement, n'ayant de place
à gauche que pour deux bataillons; la compagnie de
Chasseurs du second bataillon est par conséquent division
d'alignement.

En arrivant sur le terrein où devra se faire le déploiement, les quatre bataillons feront *halte*, & s'aligneront sur le centre, au seul commandement du Commandant en chef.

Le Commandant en chef veillera du centre à ce que l'alignement soit dirigé vers les points de direction.

Si la division d'alignement se trouvoit dans le bataillon de la droite ou dans le bataillon de la gauche, dans le premier cas, les quatre bataillons s'aligneroient à droite, & le Commandant en chef veilleroit de la droite à ce que l'alignement fût dirigé sur le point de direction de la gauche; dans le second cas, les bataillons s'aligneroient à gauche, & le Commandant en chef veilleroit de la gauche à ce que l'alignement fût dirigé sur le point de direction de la droite.

Les deux premiers bataillons devant, dans cet exemple, se déployer sur leur dernière division, les deux derniers sur leur première.

Le Commandant en chef commandera:

I.

Sur la compagnie de Chasseurs du second bataillon, de tel régiment, déployez la colonne.

2.

A droite & à gauche.

3.

Marche.

Au deuxième commandement, les deux premiers bataillons feront *à droite*, excepté la compagnie de Chasseurs du second bataillon, les troisième & quatrième feront *à gauche*.

Les chefs de toutes les premières divisions, ou des compagnies de Grenadiers qui seront en tête, se porteront tout de suite au côté gauche de leur homme de droite, dans les bataillons qui auront fait *à droite*, & au côté droit de leur homme de gauche, dans les bataillons qui auront fait *à gauche*, & feront face du côté par lequel ils devront déployer, pour marcher fur les points de direction ; ils feront remplacés par le Sergent du troisième rang.

Ils règleront le pas de leur bataillon, en fe conformant eux-mêmes au pas de l'Officier qui conduira le bataillon qui les précède.

Au troifième commandement, tout fe mettra en marche par le flanc droit & par le flanc gauche.

La compagnie de Grenadiers du troifième bataillon, après avoir marché un nombre de pas fuffifant pour donner l'intervalle du bataillon, s'arrêtera, fera *front*, & s'alignera à droite au commandement de fon chef. Les quatre autres divifions de ce même bataillon, fe porteront par la ligne la plus courte fur l'alignement ordonné ; à mefure qu'elles fe feront fucceffivement démafquées, elles fe conformeront dans chaque bataillon à ce qui a été prefcrit pour le déploiement par la gauche.

Au commandement *halte*, fait à la quatrième divifion du troifième bataillon, la première divifion du quatrième marchera feize pas pour donner l'intervalle du bataillon, fon chef lui commandera *halte, front, alignement*, pour s'aligner à droite ; les autres divifions fe conformeront enfuite à ce qui vient d'être prefcrit pour celles du troifième bataillon.

En même-temps que ceci s'exécutera par la gauche pour le troifième & le quatrième bataillon, la compagnie de Chaffeurs du deuxième bataillon, qui feule n'aura pas bougé, & à laquelle fon chef aura fait le commandement *tête = à gauche*, en fe portant en avant de l'aile gauche, auffitôt qu'elle aura été défignée pour divifion d'alignement attendra qu'elle foit démafquée ; auffitôt qu'elle le fera, elle fe portera avec la tête à gauche, & au commandement de fon chef, fur l'alignement ordonné.

Lorfque

Lorsque l'Officier, qui la commandera, prononcera *marche,* le chef de la quatrième division, qui aura commandé *halte* lorsque cette division aura marché le nombre de pas suffisant pour démasquer la compagnie de Chasseurs, commandera *halte, front, tête = à gauche,* & attendra dans cette position qu'il soit démasqué par la troisième division.

Ainsi de suite jusqu'à ce que la première division du second bataillon ait fait *halte* & *front.*

Lorsque le chef de cette division, commandera *halte,* la quatrième division du premier bataillon marchera seize pas pour l'intervalle du bataillon, fera ensuite *halte, front, tête = à gauche,* au commandement de son chef, & se portera sur l'alignement du second bataillon lorsqu'elle sera démasquée.

Les autres divisions se conformeront à tout ce qui vient d'être expliqué pour toutes celles du second bataillon, de manière que dans la partie qui déploiera à droite, le déploiement commencera par la dernière division, ou les Chasseurs de la queue dans chaque bataillon, tandis que dans la partie qui déploiera par la gauche, le déploiement commencera dans chaque bataillon par la division ou les Grenadiers de la tête.

Chaque chef de bataillon se placera à mesure dans l'intervalle de son bataillon, dirigeant l'alignement sur les points de direction de gauche dans les bataillons qui s'aligneront à droite, & sur les points de direction de la droite dans les bataillons qui s'aligneront à gauche.

Ce déploiement, en plaçant les bataillons à côté les uns des autres, servira pour éviter l'inversion dans le cas où une colonne ayant sa droite en tête, devroit se déployer par la droite pour déborder la gauche de l'ennemi, ou, dans le cas où une colonne ayant sa gauche en tête, devroit se déployer par sa gauche pour déborder la droite de l'ennemi.

N ii

Dans chacun de ces deux cas, le déploiement commenceroit successivement dans chaque bataillon par la division de la queue.

Ce déploiement, en commençant par placer les bataillons à côté les uns des autres, pourroit également se préparer, partant de la colonne de marche en faisant déboîter les bataillons de la colonne principale par les moyens & les commandemens indiqués à l'*article 13 de ce Titre*, avec la seule différence que chaque bataillon, après s'être déboîté, joindroit à l'intervalle, près d'un peloton & deux pas, le bataillon qui le précédoit ou le suivoit dans la colonne, pour marcher à sa hauteur.

Ce ne seroit alors qu'après le déboîtement des bataillons, que l'on feroit former les divisions, & serrer en masse.

TITRE XI.

De la marche en bataille.

ARTICLE PREMIER.

De la marche en avant.

UNE ligne devant marcher en bataille, portera les armes; on commandera :

I.

Bataillon en avant.

2.

Marche.

Au premier commandement répété par l'Officier supérieur, commandant chaque bataillon, le Porte-drapeau & les trois Sergens qui forment le premier rang du peloton du drapeau, se porteront brusquement six pas en avant, & ils s'aligneront sur ceux du bataillon d'alignement, & seront remplacés par ceux du second rang; le troisième ne bougera.

L'Officier supérieur se tiendra à pied deux pas en

avant du drapeau, se portera de temps en temps sur le flanc gauche de ces quatre hommes si l'alignement vient de la droite, sur le flanc droit s'il vient de la gauche, pour voir s'ils sont à hauteur & dans la direction des quatre hommes qui sont en avant du bataillon d'alignement.

L'Officier supérieur du bataillon d'alignement, sera toujours deux pas en avant de son drapeau, & recevra l'ordre du Commandant en chef.

L'Officier supérieur dans chaque bataillon, à l'instant où le bataillon se sera mis en bataille, aura d'abord indiqué au Porte-drapeau & au bas Officier, qui doit le remplacer au premier rang & qui marque le centre du bataillon, le point de direction sur lequel il devra marcher.

Au second commandement *marche,* répété avec la plus grande rapidité, par tous les Officiers supérieurs de chaque bataillon, le demi-rang de la droite de chaque bataillon tournera la tête à gauche, & la ligne marchera en avant les armes portées.

Le Porte-drapeau s'occupant seul dans chaque bataillon, de marcher au point de direction, choisira entre l'objet indiqué & lui-même, des points intermédiaires que pourra offrir le terrein; les trois bas Officiers auront la tête tournée vers lui.

Le bas Officier de sa file qui l'aura remplacé au premier rang, en observant la distance prescrite de six pas, marchera exactement en file derrière le Porte-drapeau, de manière que le point de direction en avant lui soit exactement caché.

Les quatre hommes qui marcheront en avant du bataillon, marcheront carrément & collés l'un à l'autre, bras à bras.

Les quatre bas Officiers du deuxième rang qui auront remplacé au premier, & les hommes du premier rang de la section qu'ils auront à leur droite & à leur gauche, formeront la bafe de l'alignement du bataillon, & fe tiendront joints l'un à l'autre, bras à bras.

Chaque Officier fupérieur veillera continuellement fur l'alignement & l'enfemble de fon bataillon.

Si l'intervalle qui doit féparer chaque bataillon du bataillon le plus voifin du côté de l'alignement, diminue ou augmente confidérablement, l'Officier fupérieur fera fur le champ les commandemens :

Oblique à droite ou à gauche = marche.

A ce commandement, le bataillon marchera le pas oblique à droite ou à gauche, fans ceffer de regarder le centre.

Lorfque l'intervalle fera repris, l'Officier fupérieur commandera :

En avant = marche.

A ce commandement, le bataillon marchera en avant, & l'Officier fupérieur lui indiquera un nouveau point de direction ; fi l'intervalle n'étoit augmenté ou diminué que de deux ou trois pas, l'Officier fupérieur, fans commander de marcher obliquement, avertiroit feulement le peloton du drapeau d'appuyer à droite ou à gauche, & enfuite de marcher en avant.

Si l'intervalle entre les bataillons diminuoit ou augmentoit, parce que le point de direction auroit été mal choifi, l'Officier fupérieur en indiquera un nouveau un peu plus fur la droite ou un peu plus fur la gauche, & commandera.

Changez de direction, fur la droite ou fur la gauche = marche.

A ce commandement, le centre marchera le petit pas ; fi on doit changer de direction fur la droite, le Porte-drapeau, avançant un peu l'épaule gauche, s'y dirigera dès fon premier pas ; le bas Officier, qui eft derrière lui, fe mettra à ce nouveau chef-de-file ; les files, qui font à la gauche de la garde du drapeau, en avançant un peu

l'épaule

l'épaule gauche, les files de droite, en reculant un peu l'épaule droite, se conformeront à ce nouvel alignement.

L'aile droite du bataillon, en cédant un peu sur la droite, se conformera successivement à ce qui vient d'être prescrit pour les files de droite du peloton du centre : l'aile gauche du bataillon, en se rapprochant du peloton du centre, se conformera successivement à ce qui vient d'être prescrit pour les files de gauche de ce peloton.

L'aile gauche du bataillon se trouvant dans la direction du centre, l'Officier supérieur commandera : *pas ordinaire = marche.*

A R T I C L E 2.

Bataillons allant à la charge.

U N ou plusieurs bataillons, marchant pour attaquer, prendront, lorsque le Commandant en chef l'ordonnera, le pas de charge.

Au commandement *pas de charge = marche,* répété par l'Officier supérieur de chaque bataillon, les Tambours & la Musique d'un bataillon de chaque régiment seulement, battront & joueront *la charge,* en observant de la battre d'abord lentement, & presque dans la vîtesse du pas ordinaire, l'accélérant peu à peu, mais ne changeant de mouvement tout au plus que de cent pas en cent pas, jusqu'à ce que la batterie soit à raison de cent vingt pas par minute. Le Commandant du régiment déterminera par un signal au Tambour-major, les différens degrés d'accélération de *la marche ;* il la feroit accélérer au – delà de cent vingt pas par minute, s'il le jugeoit nécessaire à la fin de la charge.

Pendant cette marche, les bataillons marcheront au moins le pas de deux pieds, regardant toujours au centre, redoublant d'attention pour ne point se serrer ni s'ouvrir, pour ne point flotter, pour déterminer l'im-

O o

pulſion du corps conſtammènt en avant, ſans tourner les épaules ni à droite ni à gauche.

On accoutumera les bataillons à marcher le pas de charge dans toutes ſortes de terreins, en ayant attention d'en modérer la vîteſſe en raiſon des difficultés du terrein & de l'étendue du chemin que le Commandant ſe propoſera de parcourir.

A R T I C L E 3.

Attentions du Commandant de la ligne pour l'alignement général.

LE Commandant en chef doit d'abord indiquer quel ſera, pendant la marche, le bataillon d'alignement.

Comme c'eſt enſuite par le centre des bataillons qu'eſt établi l'alignement général de la ligne, ce ſera par la poſition de tous les drapeaux de la ligne, que le Commandant en chef jugera de la poſition particulière de chaque bataillon dans la ligne, en abandonnant à l'Officier ſupérieur commandant chaque bataillon, le ſoin d'aligner ſon bataillon ſur lui-même.

Il doit veiller particulièrement ſur la direction du bataillon d'alignement, & faire obſerver au chef de ce bataillon, de raccourcir les premiers pas de ſa marche, juſqu'à ce que la ligne ſoit en mouvement, lorſque cette ligne ſera compoſée de plus de quatre bataillons.

S'il veut faire marcher obliquement à droite ou à gauche, il aura attention de faire reprendre de temps en temps la direction perpendiculaire au bataillon d'aligne-ment, afin que les autres bataillons de la ligne puiſſent rétablir leur alignement ou leur intervalle.

ARTICLE 4.

Attentions du Commandant de régiment dans une ligne.

LE Commandant d'un régiment dans une ligne, doit veiller à ce que l'Officier supérieur commandant chaque bataillon, exécute avec exactitude & activité tout ce qui sera ordonné; il se portera par-tout où le besoin l'exigera, & enverra ses ordres par le Major ou par l'Adjudant, par-tout où il ne pourra se trouver.

Il ne répètera point les commandemens qui passeront directement du Commandant de la ligne, au chef de chaque bataillon.

ARTICLE 5.

Attentions des Officiers supérieurs commandant chaque bataillon.

L'OFFICIER supérieur d'un bataillon, faisant partie d'une ligne, doit répéter avec la plus grande rapidité tous les commandemens du Commandant en chef; il doit continuellement veiller à l'alignement de son bataillon, à l'ensemble du pas de son bataillon : il est en outre particulièrement chargé de tenir son bataillon à hauteur du bataillon d'alignement, sur lequel il se règlera de préférence, quand il pourra en apercevoir la direction; il n'aura point alors égard aux bataillons plus près que lui du bataillon d'alignement s'ils avoient pris une fausse direction.

Chaque bataillon dans la ligne, observera sur-tout de ne jamais déborder le bataillon d'alignement, & de se tenir plutôt un peu en arrière.

L'Officier supérieur conviendra avec l'Officier placé à l'aile de son bataillon, du côté du bataillon d'alignement, d'un signal qui lui indique si l'intervalle augmente ou diminue.

A R T I C L E 6.

Attentions des Chefs de pelotons, des Serre-files, & des Soldats dans la marche en bataille.

LES chefs de peloton auront continuellement l'œil sur le peloton qui sera entr'eux & le premier rang du peloton du drapeau; ils remédieront aux plus petits défauts dans l'alignement, empêcheront les Soldats de déborder, & se porteront de leur personne sur l'alignement du centre lorsque le peloton qui sera entr'eux & le centre du bataillon sera resté en arrière.

Ils marcheront correctement au même pas que le Porte-drapeau & les Sergens qui seront en avant.

Les Serre-files veilleront sur le second & le troisième rang, avertiront à demi-voix, lorsqu'ils apercevront quelque irrégularité, se tiendront toujours à deux pas de la troupe, alignés entr'eux.

Le Soldat aura attention de ne pas avancer hors du rang, l'épaule opposée à l'alignement; il ne débordera point son voisin de ce côté, ne le serrera point, cèdera aux mouvemens qui viendront du centre, résistera à ceux qui viendront des ailes, marchera constamment le même pas que le Porte-drapeau & les trois Sergens qui marcheront en avant; il aura continuellement les yeux fixés sur eux, & par conséquent la tête plus ou moins tournée pendant la marche, selon qu'il en sera plus ou moins éloigné.

A R T I C L E 7.

La ligne arrêtant après avoir marché en bataille.

LORSQUE la ligne devra arrêter, on commandera:

1.
Bataillon.

2.

2.
Halte.

Ces deux commandemens feront répétés par les Officiers fupérieurs de chaque bataillon, qui auront attention de ne répéter le fecond commandement que lorfque leur bataillon fera arrivé fur l'alignement.

Au fecond commandement, le bataillon arrêtera, & tournera la tête à droite; le Porte-drapeau & les Sergens qui étoient en avant, rentreront brufquement à leur place; l'Officier fupérieur commandera auffitôt:

Sur le centre $=$ alignement.

En donnant au premier rang de la garde du drapeau, une direction conforme à celle du bataillon d'alignement.

Si le Commandant en chef veut donner un alignement encore plus exact à fa ligne, il fera porter quelques pas en avant ou en arrière, les quatre files de la garde du drapeau des deux premiers bataillons de la droite ou de la gauche, & les placera dans la direction qu'il aura choifie.

Auffitôt que les Officiers fupérieurs de chaque bataillon verront fortir ces deux drapeaux, ils conduiront chacun leur drapeau & fa garde à la même hauteur, ayant attention de placer ces quatre files plus ou moins fur la droite ou fur la gauche, fuivant qu'il faudroit augmenter ou diminuer l'intervalle.

Dès que chacun de ces petits pelotons fera placé à hauteur & dans la direction des deux bataillons d'alignement, l'Officier fupérieur de chaque bataillon commandera:

Sur le centre $=$ alignement,

fi le peloton de la garde du drapeau n'eft placé que trois ou quatre pas en avant.

En avant $=$ marche, halte, fur le centre $=$ alignement.

s'il étoit plus éloigné.

Mais fi le peloton du drapeau étoit placé en arrière

P p

à une distance un peu considérable, on commanderoit:

Demi - tour = à droite.

En avant = marche.

Halte & demi-tour = à droite,

pour faire face en tête,

Et sur le centre = alignement.

Aussitôt que le bataillon sera aligné, son chef lui commandera:

Tête = à droite.

Le demi-rang de droite tournera la tête à droite.

L'Officier supérieur de chaque bataillon, s'occupera aussitôt d'indiquer à son Porte-drapeau un nouveau point de direction en avant, & en choisira en même temps un en arrière.

ARTICLE 8.

Passage de l'obstacle en marchant en bataille.

TOUTES les fois qu'un bataillon ou une portion de bataillon fera *à droite* ou *à gauche* pour éviter un obstacle, le chef de chaque peloton, au commandement *à droite* ou *à gauche*, sortira brusquement hors du rang, pour se trouver pendant la marche de flanc contre le côté gauche de son bas Officier de remplacement si on fait *à droite*, contre le côté droit de ce même bas Officier si on fait *à gauche.*

Le Lieutenant qui se trouvera à la gauche d'un peloton, se conformera à ce qui est prescrit ci - dessus, soit qu'on marche par le flanc droit, soit qu'on marche par le flanc gauche.

Si une portion de bataillon rencontre un obstacle qui l'empêche de continuer sa marche; si c'est un peloton, deux pelotons ou trois pelotons, le chef de chaque peloton, en se portant vivement deux pas en avant &

faifant face à fa troupe, commandera, fi ce font des pelotons du demi-rang de gauche.

Par le flanc droit,

Avertiffement,

& tout de fuite après :

Peloton = *Halte, à droite, marche.*

Si ce font des pelotons du demi-rang de droite, on commandera :

Par le flanc gauche,

Avertiffement,

& auffitôt après :

Peloton = *Halte, à gauche, marche.*

Ces trois commandemens doivent être faits & exécutés fans aucune interruption.

Au premier commandement, le peloton s'arrêtera.

Au deuxième commandement, le peloton fera *à droite* ou *à gauche.*

Au troifième commandement, fi on a fait *à droite,* on fera *par files à gauche;* fi on a fait *à gauche,* on fera *par files à droite,* le flanc fuivra les trois premières files qu'il aura devant lui, marchant de front.

Le terrein permettant à la première file des pelotons qui marchent par le flanc, de rentrer en ligne, le chef du peloton, dont cette file fera partie, commandera feul :

En ligne = *marche.*

A ce commandement, tout ce qui fera par le flanc, prendra le pas de manœuvre, le premier homme du premier rang fe portera fur l'alignement du bataillon, & en reprendra le pas en regardant le drapeau; les autres en continuant de marcher en file, viendront l'un après l'autre & de la même manière former le premier rang.

Les Soldats du deuxième & du troifième rang, ne chercheront point à fe placer derrière leur chef-de-file, en

PLANCHE X,
Fig. 2.

même temps qu'il rentre en ligne; ils attendront, en continuant de marcher dans la file de leur rang, & sans pousser sur le premier, qu'ils aient le terrein libre.

Si l'obstacle couvre le front d'un demi-rang, l'Officier supérieur commandera, si c'est le demi-rang de droite:

Par le flanc gauche,

Avertissement,

& aussitôt après;

Demi-rang de droite = halte, à gauche, marche.

Si c'est le demi-rang de gauche;

Par le flanc droit,

Avertissement,

& aussitôt après;

Demi-rang de gauche = halte, à droite, marche.

Le demi-rang suivra par le flanc les files de la garde du drapeau, qui, autant qu'il se pourra, resteront attachées au demi-rang qui marchera de front.

Le terrein permettant à la première file de rentrer en ligne, l'Officier supérieur commandera:

En ligne = marche.

Ce qui marchera par le flanc, rentrera en ligne comme il a été prescrit ci-dessus.

Si l'obstacle couvre plus que le front d'un demi-rang, toute cette partie suivra par le flanc ce qui peut marcher de front; si c'est la gauche du bataillon qui peut marcher de front, l'Officier supérieur commandant le bataillon, fera les commandemens suivans:

Par le flanc gauche,

Avertissement,

& aussitôt après:

Les cinq pelotons de droite
        ou   } *= Halte, à gauche, marche.*
les trois divisions de droite }

Au

Au commandement *halte*, le Porte-drapeau & les trois Sergens rentreront brufquement à leur place, afin que le commandement *à gauche*, puiffe être fait auffitôt après celui *halte*.

Le chef du peloton derrière lequel marchera par le flanc ce qui n'aura pu paffer, fe portera quatre pas en avant pour marquer le pas.

Si au contraire la droite peut marcher de front, l'Officier fupérieur commandera:

> *Par le flanc droit,*
>
> *Avertiffement,*

& le refte comme ci-deffus, par les commandemens contraires.

Le chef du premier peloton de ceux qui marcheront par leur flanc, ne fuivra point fon peloton, mais fe portera quatre pas en avant de la file gauche de la portion qui continue de marcher de front pour marquer le pas; il aura attention de fe conformer au pas de cette portion du bataillon, en commençant à le marquer.

L'obftacle paffé & la première file trouvant jour à fe mettre en ligne, l'Officier fupérieur commandera:

> *En ligne === marche.*

A ce commandement, tout ce qui fera par le flanc, prendra le pas de manœuvre & rentrera en ligne, comme il eft dit ci-deffus.

Lorfque le drapeau fera rentré en ligne, l'Officier fupérieur commandera *drapeau en avant.*

A ce commandement, le Porte-drapeau & les trois Sergens fe porteront brufquement fix pas en avant, en reprenant le pas de ce qui fera en ligne.

Auffitôt qu'ils auront repris le pas, l'Officier fupérieur commandera *marche;* toute la partie qui fera en ligne tournera la tête fur le drapeau; l'Officier qui fe fera porté quatre pas en avant pour marquer le pas, rentrera à sa place ordinaire.

Si l'obstacle couvre le front d'un bataillon, les bataillons qui seront à la gauche du bataillon d'alignement, passeront l'obstacle par un *à droite & par files à gauche;* s'ils sont à la droite du bataillon d'alignement, par un *à gauche & par files à droite,* en se conformant pour les commandemens, pour l'exécution en rentrant en ligne, pour l'instant où le drapeau doit se porter en avant, à tout ce qui est prescrit ci-dessus.

Chaque bataillon longera l'obstacle le plus près qu'il fera possible, sans aller chercher, à moins que cela ne soit indispensable, le flanc du bataillon qui fera à côté de lui.

Si l'obstacle couvre le front de deux bataillons, alors l'un fera le passage de l'obstacle *à droite,* & l'autre le fera *à gauche.*

Si l'obstacle couvrant le front de deux bataillons, laissoit un débouché vers le centre de ces deux bataillons ou à peu-près, ils passeroient l'obstacle à côté l'un de l'autre, & ils se remettroient en ligne, file par file, chacun de leur côté, comme il a été prescrit ci-devant, au passage de l'obstacle pour un bataillon; en observant cependant que si les deux flancs étoient entièrement réunis en sortant du défilé, & avant de commencer le mouvement pour rentrer en ligne, ils rétabliroient leur intervalle.

Toutes les fois que le drapeau d'un bataillon d'alignement, se trouvera compris dans un passage d'obstacles, l'Officier supérieur de ce bataillon, fera baisser son drapeau, & ce signal avertira l'Officier supérieur du bataillon le plus voisin du bataillon d'alignement, que toute la ligne doit se régler sur lui jusqu'à ce que le bataillon d'alignement soit rentré en ligne.

ARTICLE 9.

Paſſage du défilé en avant par pelotons.

UNE ligne étant en bataille, devant paſſer un défilé qui ſe préſenteroit devant ſon front & qui pourroit contenir le front d'une diviſion, fera *halte* ſi elle eſt en marche.

Le Commandant en chef commandera :

Paſſage du défilé par pelotons, de droite & de gauche, il commandera enſuite :

Par peloton à gauche & à droite, marche, ce qui s'exécutera au commandement de l'Officier ſupérieur de chaque bataillon de la ligne, qui répètera :

Par peloton à gauche = marche, dans l'aile droite :

Par peloton à droite = marche, dans l'aile gauche :

Ce mouvement s'exécutera, ainſi qu'il eſt preſcrit au *Titre VIII, article 1.", excepté que les deux pelotons, qui ſe trouveront vis-à-vis du défilé, ſoit qu'ils ſoient du même bataillon, ſoit qu'ils ſoient de deux bataillons différens, ſe porteront en avant, pendant que les autres rompront deux fois l'étendue du front des deux pelotons qu'ils auront à leur droite dans la partie droite, à leur gauche dans la partie gauche : ils arrêteront, & ils porteront la tête l'un vers l'autre, au commandement particulier de leur chef.

Le Commandant en chef commandera enſuite :

1.

Colonnes en avant.

2.

Pas de manœuvre.

3.

Marche.

Les deux premiers commandemens feront répétés de la manière prefcrite au *Titre IX, article 1.er*

Au troifième, répété de même, les deux colonnes; celle de droite avec la tête à droite, celle de gauche avec la tête à gauche, fuivront chacune les deux pelotons de la tête qui entreront dans le défilé.

En fe réuniffant, ces pelotons marcheront à même hauteur, avec la tête au centre des deux pelotons, marqué par le bas Officier de remplacement du peloton de la colonne de gauche.

Tous les pelotons conferveront exactement la diftance de peloton de l'un à l'autre; mais chaque chef de peloton, en fe réuniffant fur le terrein où fe feront réunis les deux pelotons de la tête avec le peloton de la colonne de gauche ou de droite, commandera, celui de la colonne de gauche qui aura rompu à droite, *tête = à droite;* celui de la colonne de droite qui aura rompu à gauche, *tête = à gauche,* pour marcher avec la tête au centre marqué par le bas Officier de remplacement des pelotons de la colonne de gauche, qui marchera, ainfi que tous ceux qui feront devant ou derrière lui, dans le milieu du défilé.

Chaque chef de peloton fe tiendra à deux pas en avant du centre de fon peloton.

Le Serre-file le plus près de la gauche, dans les pelotons de la colonne de gauche, reftera cependant à la gauche du premier rang de fon peloton, & la droite des pelotons de la colonne de droite, fera appuyée, comme à l'ordinaire, par le bas Officier de remplacement de ces pelotons.

Les deux colonnes traverferont ainfi le défilé au pas de manœuvre, en fuivant par les principes d'alignement toutes les différentes directions du bas Officier qui fera au centre des deux pelotons.

Si

Si le défilé fe réduifoit au point de ne plus contenir qu'un peloton de front, on romproit les pelotons dans chaque colonne, en fuivant dans chacune ce qui eft prefcrit pour rompre les pelotons, *au Titre VI, article 3, des Manœuvres de détail*, excepté que la fection extérieure dans chaque colonne, marquera le pas pour fe déboîter & obliquera feule pour fe doubler derrière les deux fections du centre, qui continueront de marcher droit en avant.

A l'inftant où on rompra les pelotons, & où les deux colonnes devront marcher par fection, le Serre-file le plus près de la droite des fecondes fections de la colonne de gauche, prendra la droite de ces fections, pour marcher en file, à diftance de fection, derrière le bas Officier de remplacement de fon peloton.

Celle des deux fections, qui précèdera l'autre dans la colonne de gauche, fera appuyée à fa gauche par le Serre-file le plus près de la gauche de cette fection, qui s'y placera auffitôt que la fection extérieure commencera à doubler derrière fa fection intérieure, afin qu'il y ait toujours un Officier ou un bas Officier fur le flanc extérieur de chaque fubdivifion de la colonne.

Le Serre-file le plus près de la droite des fecondes fections de la colonne de droite, qui doivent précéder les premières qui doublent derrière elles, paffera à la droite de ces fecondes fections, pour marcher au flanc extérieur de la colonne.

Si le défilé fe rétréciffoit encore, les files de droite de la colonne de droite, les files de gauche de la colonne de gauche, fe conformeroient fucceffivement, & en pro-portion du rétréciffement du défilé, à ce qui eft prefcrit au *Titre IX, de la Marche en colonne.*

A mefure qu'elles pourront fe reformer par fection, elles fe reformeront file par file, ainfi qu'il eft prefcrit dans ce *Titre, article 8, du Paffage de l'obftacle*, excepté que ce fera en courant, fans commandement, & feulement à l'avertissement du Commandant de chaque section, qui doit veiller à ce que le défilé soit constamment rempli.

Les sections reformées, on reformera les pelotons dès que la possibilité s'en présentera, & les Serre-files, qui se feront déplacés pour marcher aux droites & aux gauches des secondes sections, rentreront en serre-files aussitôt que les pelotons commenceront à se reformer.

Les deux colonnes sortant du défilé, si elles doivent se déployer sur leur front, marcheront assez en avant pour qu'entre le point où arrêtera la tête & la sortie du défilé, il y ait de quoi contenir la totalité des deux colonnes serrées en masse, à côté l'une de l'autre.

Lorsque la tête de la colonne sera arrivée sur la ligne où elle devra se déployer, on fera arrêter la colonne par les commandemens ordinaires; on fera ensuite serrer en masse: tous les pelotons serreront en masse.

Les deux colonnes se déploieront ensuite; la colonne de droite par la droite, la colonne de gauche par la gauche, en se conformant à ce qui est prescrit au *Titre des Déploiemens*, excepté que le déploiement se fera par peloton, & en observant que si la tête de la colonne est formée par deux pelotons de bataillons différens, un des deux rétablira l'intervalle en se déployant.

Si les deux colonnes en sortant du débouché, doivent se mettre en bataille sur la droite ou sur la gauche, de manière qu'une des ailes appuie au défilé, on fera replacer les Officiers commandant les pelotons, comme ils doivent être lorsqu'une colonne a la droite ou la gauche en tête: on arrêtera la tête de la colonne lorsque le dernier peloton sortira du défilé.

Si la colonne doit faire face à droite, la colonne de droite se mettra à droite en bataille, & la colonne de gauche sur la droite en bataille, ainsi qu'il est prescrit au *Titre X*, après que l'Officier supérieur de chaque bataillon

de la colonne de droite & de la colonne de gauche
aura commandé :

Chefs de peloton à l'aile droite,

& qu'il aura rectifié ses chefs-de-file.

Si la colonne doit faire face à gauche, la colonne de
gauche se mettra à gauche en bataille, & la colonne
de droite sur la gauche en bataille, en se conformant à
ce qui est prescrit au même Titre que ci-dessus ; & après
que l'Officier supérieur de chaque bataillon de la colonne
de droite & de la colonne de gauche, aura commandé
Chefs de peloton à l'aile gauche, & qu'il aura rectifié les
chefs-de-file.

Les chefs de peloton en se portant à l'aile gauche
commanderont ;

Tête = à gauche.

Autant qu'il sera possible, on fera exécuter ces mou‑
vemens dans des terreins qui en indiqueront l'utilité.

ARTICLE 10.

De la marche en retraite.

LORSQU'ON voudra faire marcher par le dernier rang,
on commandera ;

1.

Bataillon.

2.

Demi-tour = à droite.

Le bataillon l'exécutera en deux temps, ensuite on
commandera :

3.

En avant.

4.

Marche.

Ces commandemens seront répétés par l'Officier
supérieur commandant chaque bataillon.

Au troisième commandement, les quatre bas Officiers
de la garde du drapeau du dernier rang devenu le premier,
avanceront à quatre pas en avant des Serre-files, & seront
remplacés par ceux du second rang, le troisième ne bougera.

Le Sergent de serre-file de la garde du drapeau, se
rangera pour les laisser passer, en se rapprochant des
autres Serre-files de la section dont la division du drapeau
fera partie.

Les bas Officiers de remplacement qui se trouvent
alors devant les Capitaines, se porteront sur l'alignement
des Serre-files, vis-à-vis leur place, & les Capitaines les
remplaceront au dernier rang devenu le premier.

L'Officier supérieur commandant le bataillon, qui
aussitôt qu'on aura fait demi-tour à droite, aura déterminé
le point de direction sur lequel devra marcher le bas
Officier de la file du drapeau, passera en arrière du
bataillon, par la file d'Officier la plus voisine du centre.

Cet Officier s'effacera un peu pour le laisser passer.

L'Officier supérieur se portera à deux pas en avant
des bas Officiers de la garde du drapeau, qui sont en
avant des Serre-files, & conduira son bataillon par le
dernier rang comme il l'a conduit par le premier.

Au quatrième commandement, le bataillon marchera
en avant par son dernier rang ; les deux Serre-files du
centre, marcheront derrière l'homme de droite & l'homme
de gauche des quatre bas Officiers de la garde du drapeau,
qui se seront portés en avant des Serre-files.

ARTICLE II.

Passage de l'obstacle en marchant en retraite.

LE passage de l'obstacle en marchant en retraite
s'exécutera, ainsi qu'il a été prescrit dans la marche, par

le premier rang, chaque portion de bataillon, foit peloton, demi-rang, ou même le bataillon tout entier devant l'exécuter par les commandemens & les mouvemens inverfes, pour paffer & fuivre toujours la portion qui fe trouvera du côté du drapeau ou du bataillon d'alignement; fi c'eft un bataillon tout entier, les Serre-files fe rapprocheront contre le premier rang.

ARTICLE 12.

Paffage du défilé en retraite par files.

Si la ligne marche en retraite, & que le paffage doive fe faire en préfence & à portée de l'ennemi, le Commandant en chef fera fes difpofitions pour couvrir fa retraite par une arrière-garde; fera occuper par fes troupes poftées, les deux côtés du défilé, fi c'eft une gorge; les haies de droite & de gauche, fi c'eft l'entrée d'un village; l'autre côté du ruiffeau ou du ravin, fi c'eft un pont ou un ravin; profitera de tous les rideaux, haies, ravins qu'il pourra trouver en avant de lui & fur les flancs pour y pofter des tireurs, afin de contenir l'ennemi.

La ligne arrivera le plus près qu'il fera poffible du défilé, fera *halte* & face à l'ennemi par un demi-tour à droite.

Le Commandant en chef donnera enfuite fes ordres pour paffer le défilé par une ou les deux ailes.

Le Commandant en chef commandera:

Par files en arrière par les ailes, paffez le défilé.

A ce commandement, l'Officier fupérieur commandant le bataillon de l'aile droite commandera:

Par files en arrière par l'aile droite, paffez le défilé.

L'Officier fupérieur commandant le bataillon de l'aile gauche commandera:

Par files en arrière par l'aile gauche, paffez le défilé.

S ſ

A mesure que le tour de chaque bataillon de l'aile droite & de l'aile gauche, arrivera de commencer son mouvement, l'Officier supérieur de chacun de ces bataillons, fera un instant avant, les commandemens prescrits ci-dessus pour le bataillon de l'aile droite & celui de l'aile gauche.

Si le défilé se trouve vis-à-vis deux pelotons d'un même bataillon, l'Officier supérieur commandera, lorsque le tour de ce bataillon arrivera de commencer le mouvement.

*Par files en arrière, par l'aile droite & par l'aile gauche,
passez le défilé.*

A ce commandement, le peloton de l'aile droite fera à droite au commandement de son Chef, qui venant se placer au côté gauche de sa première file, lui commandera, *marche*, en conduisant son peloton *par files à droite*, pour longer à six pas derrière le bataillon. Les files tourneront successivement sur leur terrein sans commandement.

Le chef du peloton de gauche du bataillon de l'aile gauche, commandera *à gauche* en se portant au côté droit de sa première file gauche; il lui commandera *marche*, en conduisant son peloton *par files à gauche*, pour longer de même à six pas derrière le bataillon; les chefs des autres pelotons, lorsqu'il ne restera plus que trois files à se retirer du peloton qui devra les précéder, feront le commandement *à droite* ou *à gauche*, se porteront à côté de leur première file, qui suivra, ainsi que toutes les autres, sans autre commandement, au pas de manœuvre, & sans s'alonger, autant qu'il sera possible, les files qui seront déjà en marche.

Les deux pelotons de l'aile viendront se réunir vis-à-vis le défilé & y entreront, celui de l'aile droite *par un à gauche par files,* celui de l'aile gauche par un *à droite par files.*

Aussitôt que la première file sortira du défilé, le chef

de peloton commandera *en ligne = marche*, ce qui s'exécutera, ainſi qu'il eſt preſcrit au *Titre XI, article 8, du paſſage de l'obſtacle.*

Auſſitôt que le front de chaque peloton arrivera ſur la nouvelle ligne de direction, chaque chef de peloton en commandant *tête à gauche*, & ſe plaçant à l'aile gauche dans les pelotons de l'aile droite; *tête à droite* & ſe plançant à l'aile droite dans les pelotons de l'aile gauche, tournera; celui de l'aile droite à gauche, celui de l'aile gauche à droite, en ſe conformant à ce qui eſt dit au *Titre IX, article 2, des changemens de direction dans la marche en colonne*, pour ſe prolonger enſuite ſur la nouvelle ligne de direction, ainſi qu'il eſt preſcrit au *Titre X.*

Lorſque la tête des deux ailes ſera arrivée au point où devra être appuyée la droite & la gauche de la nouvelle poſition, le Commandant en chef commandera *halte*, qui ſera répété par les chefs de bataillon & de peloton; auſſitôt après il fera faire la contre-marche aux pelotons de l'aile droite ou à ceux de l'aile gauche.

La contre - marche exécutée, la colonne ſe mettra *à droite* ou *à gauche, en bataille.*

Si le défilé ſe trouvoit vis-à-vis l'intervalle de deux bataillons, le Commandant en chef pourroit ſe diſpenſer de faire faire la contre - marche, à moins qu'il n'eût intention de ſe prolonger davantage par ſon flanc droit ou par ſon flanc gauche, ſur la nouvelle ligne de direction.

S'il faiſoit mettre en bataille, ſans faire faire la contre-marche, l'aile droite ſe mettroit à gauche en bataille, & l'aile gauche à droite en bataille.

Ce mouvement pourra s'exécuter au pas ordinaire, pour en montrer le mécaniſme aux Troupes; mais on ne l'exécutera réellement qu'au pas de manœuvre.

ARTICLE 13.

Paſſage du défilé en retraite par pelotons.

Si le paſſage doit ſe faire par le front d'une diviſion, le Commandant en chef, après avoir fait arrêter la ligne & lui avoir commandé *demi-tour = à droite*, pour faire face à l'ennemi, commandera:

Par pelotons en arrière par les ailes, paſſez le défilé.

A ce commandement, l'Officier ſupérieur commandant le bataillon de l'aile droite, commandera:

Par peloton en arrière par l'aile droite, paſſez le défilé.

L'Officier ſupérieur commandant le bataillon de l'aile gauche, commandera:

Par peloton en arrière par l'aile gauche, paſſez le défilé.

A meſure que le tour de chaque bataillon de l'aile droite ou de l'aile gauche, arrivera de commencer le mouvement, l'Officier ſupérieur fera, un inſtant avant, les commandemens preſcrits ci-deſſus pour le bataillon de l'aile droite & celui de l'aile gauche.

Si le défilé ſe trouve vis-à-vis de deux pelotons du même bataillon, l'Officier ſupérieur, un inſtant avant que le tour de ce bataillon, arrive de commencer le mouvement, commandera:

Par pelotons en arrière, par l'aile droite & par l'aile gauche;
paſſez le défilé.

A ce commandement, le peloton de la droite fera *à droite* au commandement de ſon chef, qui, venant ſe placer au côté gauche de ſa première file, lui commandera *marche*, en conduiſant ſon peloton *par files à droite*, pour longer derrière le bataillon, ainſi qu'il vient d'être preſcrit pour le paſſage du défilé, par files par les ailes.

Le chef du peloton de gauche du bataillon de l'aile gauche, commandera *à gauche*, & ſe portant au côté droit

de

de la première file de gauche, il lui commandera *marche*, en conduifant fon peloton par *files à gauche*, pour longer de même derrière le bataillon, marchant à la rencontre du peloton de l'aile droite, pour fe réunir vis-à-vis le défilé.

Un inftant avant que la première file de chaque flanc de ces deux pelotons fe réuniffe, ils commanderont *halte*, & auffitôt *front & marche*, fans attendre que leurs dernières files qui doivent ferrer autant qu'elles le pourront, foient tout-à-fait réunies à leur peloton.

Les deux pelotons des ailes entreront ainfi dans le défilé, en fe conformant à tout ce qui eft prefcrit dans le paffage du défilé en avant par peloton.

Le chef de peloton des bataillons de l'aile gauche, qui dans le paffage du défilé devient colonne de droite, auffitôt après avoir commandé *marche*, commandera *tête = à gauche*.

Le Lieutenant du peloton de gauche des bataillons de l'aile gauche, qui aura marché à la tête du flanc, rentrera en ferre-file ainfi que le Caporal qui eft derrière lui au troifième rang, à l'inftant de la réunion des deux pelotons, vis-à-vis le défilé, & par conféquent au commandement *halte*.

Le centre des deux colonnes, fera marqué par le Sergent de remplacement des pelotons des bataillons de l'aile droite.

Les autres pelotons feront fucceffivement le même mouvement, la première file de chaque peloton marchant toujours au pas de manœuvre, quand même les dernières files du peloton qui les précéderoit, courroient pour rejoindre leur peloton.

Les pelotons qui auront pris rang dans la colonne, s'attacheront principalement à conferver diftance de peloton.

T t

Si le défilé se trouve précisément vis-à-vis un intervalle de bataillon, les deux derniers pelotons se conformeront à ce qui est prescrit pour les autres.

Mais si le défilé se trouvoit vis-à-vis de deux pelotons d'un même bataillon, alors toutes les files de chacun de ces pelotons après avoir fait *à droite* ou *à gauche*, suivront la première file de leur flanc en venant tourner sur le même terrein qu'elle, & la première file de chacun de ces pelotons étant près de se réunir, le chef de chacun feroit les commandemens qui ont été prescrits pour les deux pelotons qui les premiers ont passé le défilé.

Si le défilé se rétréciffoit au point de ne plus contenir que le front d'un peloton, les pelotons se rompront par section, en conservant distance de section, en se conformant pour se rompre & se reformer, ou pour diminuer encore le front des sections, si le défilé se rétréciffoit davantage, à ce qui est prescrit dans ce Titre, *article 9, du passage du défilé en avant par peloton.*

Ces pelotons sortant du défilé, si c'est un ravin ou un ruisseau dont on veuille prolonger les bords par la droite & par la gauche, chaque peloton en arrivant sur la nouvelle ligne de direction, se conformera à ce qui a été prescrit pour passer le défilé en arrière par files & par les ailes.

Si au contraire la colonne doit continuer sa marche, elle la continuera dans le même ordre dans lequel elle a passé le défilé.

Si l'ennemi passoit le défilé, & si la colonne devoit se mettre en bataille pour lui faire face, on lui commandera *halte;* on fera faire en même temps la contre-marche à chaque peloton des deux colonnes, & aussitôt serrer en masse.

Si par la position du défilé une colonne se trouvoit plus courte que l'autre, après avoir fait la contre-marche,

celle des deux qui se trouveroit en arrière, se porteroit
au pas de manœuvre, en serrant en masse, à hauteur de
l'autre ; après quoi ces deux colonnes se déploieront ,
celle de droite par sa droite, celle de gauche par sa gauche,
en se conformant à ce qui est prescrit dans ce Titre
article 9, du passage du défilé en avant par peloton.

TITRE XII.

Du passage des lignes.

ARTICLE PREMIER.

*Du passage des lignes & formation de chaque
bataillon de seconde ligne en colonne.*

LA seconde ligne étant en bataille derrière la première,
à la distance qui aura été déterminée par le Commandant
en chef, si la première ligne se trouve dans le cas de
recourir à l'appui de la seconde, la seconde préparera
pour la retraite de la première, des intervalles assez grands
pour que la seconde ne puisse en aucune manière, être
gênée dans ses mouvemens par le désordre qui pourroit
exister dans la première.

Cette première ligne ne devant avoir dans cette circonstance, d'autre mouvement à exécuter que le demi-
tour à droite, & d'autre attention que celle de se retirer
le plus doucement & le plus en ordre qu'il sera possible,
afin d'en imposer à l'ennemi ; la seconde devant se replier
sur elle - même, de manière à ce qu'elle puisse revenir
dans son ordre naturel par le mouvement le plus prompt
qu'il sera possible, se formera en colonne dans chaque
bataillon, par les commandemens & les moyens suivans.

L'Officier supérieur de chaque bataillon, voyant le
bataillon de première ligne qui se trouvera précisément

devant le fien, dans la difpofition de fe retirer, foit volontairement, foit forcément, commandera :

I.

Par peloton de droite & de gauche fur le centre en colonne.

2.

À gauche & à droite.

3.

Marche.

Au premier commandement, le chef du peloton de gauche du demi-rang de droite, & le chef du peloton de droite du demi-rang de gauche, ne bougeront pas ; mais ces deux pelotons qui devront former la tête de la colonne, s'aligneront l'un fur l'autre, chacun au commandement de leur chef : le peloton du demi-rang de droite tout entier à gauche, celui du demi-rang de gauche tout entier à droite, y compris le drapeau & fa garde, dans quelque peloton qu'il fe trouve.

Le chef de chacun des autres pelotons de chaque demi-rang, fe portera en même-temps au centre de fon peloton.

Au fecond commandement, les deux pelotons du centre qui devront former la tête de la colonne ne bougeront pas ; mais le chef du peloton de droite du demi-rang de gauche, fe portera à la gauche du premier rang de fon peloton, & fera remplacé à la droite, par fon bas Officier.

Tous les autres pelotons du demi-rang de droite, & tous les autres pelotons du demi-rang de gauche, feront ; ceux du demi-rang de droite, *à gauche ;* ceux du demi-rang de gauche, *à droite ;* & les quatre premières files du flanc de chaque peloton, fe déboîteront brufquement en arrière, la première file de toute l'épaiffeur des trois rangs, la feconde un peu moins, la troifième encore un peu moins, la quatrième ne faifant qu'avancer un peu l'épaule.

En même-temps le chef de chacun des pelotons qui auront fait à gauche ou à droite, fe portera au côté droit

de

de sa première file gauche, dans les pelotons du demi-rang de droite, au côté gauche de la première file droite, dans les pelotons du demi-rang de gauche.

Au troisième commandement, tous les pelotons, excepté les deux du centre qui devront avoir la tête de la colonne, marcheront au pas de manœuvre pour se placer chacun à distance de section, derrière le peloton de leur demi-rang.

Chaque peloton du demi-rang de droite & chaque peloton du demi-rang de gauche, en se réunissant avec le peloton correspondant de l'autre demi-rang, sera arrêté par son chef qui commandera *halte, front, à gauche =* *alignement* ou *alignement :* les deux pelotons s'aligneront l'un sur l'autre, le centre de chaque subdivision de la colonne sera marqué par le bas Officier de remplacement des pelotons du demi-rang de gauche.

Le chef de chaque peloton, aussitôt qu'il aura commandé *à gauche = alignement* ou *alignement,* se portera au flanc extérieur de son peloton, ceux du demi-rang de droite au flanc droit, ceux du demi-rang de gauche au flanc gauche.

Les Grenadiers dans les premiers bataillons, les Chasseurs dans les seconds, lorsqu'il ne leur sera point fixé de destination particulière par l'Officier supérieur de leur bataillon, suivront le mouvement de leur demi-rang; mais quoiqu'ils se déboîtent ainsi que les autres pelotons de leur demi-rang, pour marcher par le flanc avec plus d'aisance, en prenant rang à la queue de la colonne & à distance de section, ainsi que les autres subdivisions, ils couvriront la dernière subdivision de tout leur front, & se placeront sur le même alignement au commandement *halte, front, à gauche = alignement* ou *alignement,* qui sera fait par le chef de chaque peloton de Grenadiers ou de Chasseurs.

Le Capitaine commandant & le Capitaine en second se placeront aussitôt après au flanc extérieur de leur peloton, le bas Officier de remplacement du fecond peloton, marquera le centre de la compagnie & s'alignera en file à diftance de fection, fur tous les autres bas Officiers de remplacement des pelotons du demi-rang de gauche.

La compagnie de Grenadiers étant moins nombreufe que les autres fubdivifions de la colonne, fe trouvera débordée par fa droite & par fa gauche, de la moitié du nombre de files que ces fubdivifions auront de plus.

Chaque peloton de la compagnie de Grenadiers & chaque peloton de la compagnie de Chaffeurs, appartiendra alors au demi-rang derrière lequel il fe trouvera; & fi l'Officier fupérieur du bataillon jugeoit à propos de les porter à la tête de la colonne, foit pour les placer tout-à-fait en avant, foit pour les placer à hauteur de la première fubdivifion & fur le même alignement, ils y marcheront en le partageant, chaque peloton paffant à la droite & à la gauche de la colonne.

Les Tambours fuivront la queue de la colonne.

Si l'Officier fupérieur vouloit placer les Grenadiers ou les Chaffeurs à la tête de la colonne, il commanderoit avant de faire former la colonne, *Grenadiers* ou *Chaffeurs, à la tête de la colonne;* la colonne fe formant, les Grenadiers ou Chaffeurs marcheroient par le flanc, à la tête de la colonne.

A R T I C L E 2.

Colonne fe formant par fection de pied-ferme.

Si la première ligne étoit tellement en défordre qu'il fût néceffaire de lui préparer de plus grands intervalles; la colonne étant formée par peloton, ainfi qu'il vient d'être prefcrit ci-deffus, fe formeroit par fection de pied-ferme.

L'Officier fupérieur du bataillon commandera :

I.
Colonne par section.

2.
Sections extérieures à gauche & à droite.

3.
Marche.

Au premier commandement, les Serre-files de toutes les subdivisions de la colonne serreront contre le troisième rang.

Au second commandement, les sections extérieures feront *à gauche* dans le demi-rang de droite, *à droite*, dans le demi-rang de gauche, & les quatre premières files de chaque section extérieure se déboîteront en arrière, ainsi qu'il a été prescrit ci-dessus.

Le Serre-file le plus près du flanc droit, dans les sections extérieures du demi-rang de gauche se placera devant la première file de chacune de ces sections extérieures, pour la conduire.

Le Serre-file le plus près du flanc gauche des sections extérieures du demi-rang de droite, se placera de même devant la première file de chacune de ces sections extérieures, pour la conduire.

Au troisième commandement *marche,* les sections extérieures doubleront, à deux pas derrière la seconde section dans le demi-rang de droite, derrière la première dans le demi-rang de gauche.

A l'instant de la réunion de chaque section extérieure de chaque demi-rang, le chef du peloton de chacune, qui suivra leurs mouvemens, sans cependant se placer à leur centre, leur commandera: *halte, front, à gauche =alignement* ou *alignement;* ces deux sections s'aligneront sur le centre des deux sections; & en faisant ce dernier commandement, le chef de peloton se portera au premier rang du flanc extérieur de celle de ses deux sections qui précédera l'autre.

Au commandement *halte*, le Serre-file qui aura conduit le flanc gauche de la section extérieure du demi - rang de droite, rentrera en serre-file.

Le Serre - file qui aura conduit le flanc droit de la section extérieure du demi-rang de gauche, restera à ce flanc pour marquer le centre des deux sections.

Au même commandement *halte*, le Serre-file le plus près du flanc gauche des sections doublées du demi-rang de gauche, se portera au premier rang du flanc extérieur de ces sections.

Le flanc extérieur des sections doublées du demi-rang de droite, sera appuyé au premier rang par le bas Officier de remplacement qui étoit derrière le chef du peloton ; ce bas Officier aura suivi, pendant le doublement, la dernière file de cette section.

La distance de section qu'avoit chaque premier rang entre les différentes subdivisions de la colonne, sera alors diminuée de l'épaisseur des sections qui auront doublé, & des deux pas d'intervalle que ces sections conserveront entr'elles & la section de leur peloton qui les précèdera.

ARTICLE 3.

Colonne se reformant par peloton de pied-ferme.

Lorsque la colonne devra se reformer par peloton, l'Officier supérieur commandera :

I.

Colonne, par peloton.

2.

Sections doublées = à droite & à gauche.

3.

Marche.

Au second commandement, les sections doublées du demi-

demi-rang de droite, feront *à droite*, les fections doublées du demi-rang de gauche feront *à gauche.*

Au troifième, elles marcheront par leur flanc droit & par leur flanc gauche, un nombre de pas égal à l'étendue de leur front. Elles feront arrêtées par le chef de chaque peloton, qui fe prolongeant en même temps qu'elles pour aller prendre fa place au flanc extérieur, leur commandera, *halte, front, à gauche* = *alignement* ou *alignement.*

A ce dernier commandement, les fections extérieures s'aligneront fur les fections intérieures qui n'auront pas bougé.

Le chef du peloton qui fe fera prolongé fur l'alignement des fections intérieures, prendra alors au flanc extérieur de fon peloton, la place du bas Officier qui reculera au fecond rang dans les pelotons du demi-rang de droite, la place du Serre-file, qui fe remettra à fa place ordinaire dans les pelotons du demi-rang de gauche.

L'Officier de ferre-file qui étoit placé au flanc droit des fections doublées pour marquer le centre de la colonne, rentrera alors à fa place ordinaire.

ARTICLE 4.

Colonne fe formant par fection en marchant.

Si ce doublement des fections devoit s'exécuter en marchant, l'Officier fupérieur du bataillon commandera :

1.

Colonne, par fection.

2.

Sections extérieures = *marche.*

Au fecond commandement, les fections extérieures du demi-rang de droite doubleront à deux pas, par le pas oblique à gauche, les fections extérieures du demi-rang de gauche doubleront à deux pas par le pas oblique à droite : ces fections marqueront le pas jufqu'à ce qu'elles foient déboîtées, & prendront le pas oblique au commandement de leur chef.

Les Officiers & les Serre-files défignés dans l'article

précédent, feront également chargés du commandement ou de la conduite de ces fections jufqu'à leur réunion, & après la réunion des fections, ceux des Officiers ou Serre-files qui ont été défignés, occuperont les places qui leur ont été affignées dans le doublement de pied-ferme.

ARTICLE 5.

Colonne fe reformant par peloton en marchant.

Sɪ le dédoublement des fections doit s'exécuter en marchant, l'Officier fupérieur commandera:

1.

Colonne, par peloton.

2.

Sections doublées = marche.

A ce commandement, les fections doublées marcheront; celles du demi-rang de droite, obliquement à droite; celles du demi-rang de gauche, obliquement à gauche.

Pendant qu'elles marcheront ainfi obliquement, le chef de chaque peloton quittera fa place pour gagner le flanc extérieur des fections doublées qui fe dédoubleront, il leur commandera un inftant avant qu'elles fe foient démafquées, *en avant.*

Ces fections fe réuniront alors en preffant le pas s'il eft néceffaire, aux fections intérieures qui auront continué de marcher droit en avant & dont elles reprendront le pas fans commandement.

Au commandement *marche,* les Serre-files qui marchoient au flanc des fections de demi-rang de gauche, rentreront à leur place; tous les Serre-files qui avoient ferré contre le troifième rang, marcheront alors à deux pas comme à l'ordinaire.

La diftance de fection fe trouvera rétablie entre toutes les fubdivifions de la colonne.

Les Grenadiers & les Chaſſeurs, s'il ne leur a pas été fixé de deſtination particulière, ſe conformeront à tous les mouvemens de la colonne.

TITRE XII.
Art. 5.

ARTICLE 6.

Déploiement de la colonne en faiſant feu des deux pelotons de la tête.

TOUTES les fois que cette colonne devra ſe déployer, ſi elle eſt par peloton, elle ſerrera en maſſe, l'Officier ſupérieur fera le commandement : *en maſſe, Serrez la colonne; marche;* & lorſque la colonne ſera ſerrée en maſſe, il commandera :

1.

Sur le centre, déployez la colonne.

2.

À droite & à gauche.

3.

Marche.

LA colonne ſe déploiera par la droite & par la gauche, en ſe conformant à ce qui eſt preſcrit au *Titre XI, article 9, du paſſage du défilé en avant par peloton.*

Cette colonne en ſe déployant, pouvant être dans le cas de ſe ſervir de ſon feu, à meſure que chaque peloton ſera déployé, les chefs de peloton en commandant *à gauche = alignement* ou *alignement,* ſe reporteront du centre de leur peloton où ils ſeront reſtés en ſuivant le déploiement, à leur place ordinaire; & ſi le feu avoit déjà commencé par l'ordre de l'Officier ſupérieur du bataillon, dans les deux pelotons du centre qui n'auroient pas eu à bouger, le chef de chaque peloton après avoir commandé *à gauche = alignement* ou *alignement,* & s'être reporté à ſa place, commandera :

Feu de file.

Et paſſant auſſitôt à la place qui lui eſt deſtinée dans les feux, il commandera :

Peloton = armes.

Commencez le feu.

Le feu de file commencera par la droite de chaque peloton.

Les Grenadiers & les Chaſſeurs ſe déploieront ſans ſe partager, pour aller gagner leur place ordinaire, à la droite ou à la gauche du bataillon.

Les Grenadiers auront par conſéquent fait *à droite*, & les Chaſſeurs *à gauche*, au commandement *à droite* & *à gauche* de l'Officier ſupérieur.

Si la colonne à l'inſtant où elle devroit ſe déployer, ſe trouvoit formée par ſections, les ſections ſe dédouble-roient, ainſi qu'il vient d'être preſcrit, ſoit de pied-ferme, ſoit en marchant.

Si le mouvement ſe fait de pied-ferme, la colonne ſerrera en maſſe auſſitôt après que les ſections ſeront dédoublées; ſi le dédoublement s'eſt fait en marchant, la colonne à l'inſtant où elle ſera par peloton & où elle devra ſe déployer, ſerrera en maſſe, arrêtera & déploiera, ou arrêtera, ſerrera en maſſe & déploiera.

ARTICLE 7.

Colonne marchant par le flanc droit ou par le flanc gauche.

Si l'Officier ſupérieur commandant le bataillon, pré-voyoit que la colonne dût marcher par un de ſes flancs, il la feroit former par ſection, ainſi qu'il a été preſcrit ci-deſſus; & à l'inſtant où elle devroit marcher par le flanc, ſi c'étoit par le flanc droit, il commanderoit :

I.

Par le flanc droit.

2.

2.

Colonne = à droite.

LA colonne feroit *à droite*, & les Officiers ou bas Officiers placés à la file extérieure du flanc droit, se mettroient au côté gauche de leur première file.

Si la colonne devoit marcher par son flanc gauche, l'Officier supérieur commanderoit :

1.

Par le flanc gauche.

2.

Colonne = à gauche.

La colonne feroit *à gauche*, & les Officiers & bas Officiers placés à la file extérieure du flanc gauche, se placeroient au côté droit de leur première file.

Au commandement, *colonne en avant = marche*, la colonne marchera par le flanc droit ou par le flanc gauche; si elle marche par le flanc droit, le flanc devenu premier rang s'alignera à gauche, toutes les sections se rapprocheront, en marchant, de la tête de la colonne, pour ne laisser entre chacune que la place nécessaire pour l'Officier ou bas Officier, qui marchera à côté de la première file.

Si la colonne marche par le flanc gauche, au commandement, *colonne en avant = marche*, le flanc devenu premier rang s'alignera à droite, & les sections se rapprocheront en marchant de la tête de la colonne.

ARTICLE 8.

Colonne marchant de front après avoir marché par le flanc, & rétablissant ses distances.

LORSQUE la colonne après avoir marché par le flanc, devra marcher par le front, l'Officier supérieur commandera :

1.

Colonne = halte.

2.

Front.

3.

Marche.

La colonne arrêtera, fera front, marchera en avant avec la tête au centre, & les diftances ordinaires fe rétabliront par le commandement de l'Officier fupérieur qui commandera :

Colonne avec diflance = marche.

A ce commandement, les quatre fections de la tête de la colonne continuant de marcher, toutes les autres fubdivifions de la colonne marqueront le pas, les fections doublées de la tête de la colonne, reprendront en raccourciffant le pas, mais fans le marquer, leur diftance de deux pas.

Lorfque le bas Officier de remplacement placé au centre de chaque fubdivifion de la colonne, verra rétablie la diftance de fection qu'il doit obferver, entre lui & le bas Officier de remplacement des fections intérieures qui n'ont point doublé, il marchera en avant en marquant davantage le premier pas, chaque fection doublée fuivra le mouvement de fon peloton à ce premier pas, & ne rétablira fa diftance de deux pas qu'infenfiblement en continuant de marcher ; les diftances fe rétabliront ainfi de la tête à la queue dans chaque fubdivifion & fans autre commandement.

De quelque manière que la colonne foit formée, elle exécutera tous fes mouvemens au commandement de l'Officier fupérieur du bataillon : les chefs de peloton & les Serre-files, feront feulement dans les circonftances qui ont été indiquées, les commandemens de détail qui leur ont été prefcrits.

Tous les Officiers de l'intérieur de la colonne, veille-ront au bon ordre, à l'exécution des commandemens, & à ce que les rangs & les files ne se confondent point.

A R T I C L E 9.

Attentions de l'Officier supérieur pour conduire la colonne de seconde ligne.

· LA colonne étant formée, l'Officier supérieur se conduira ensuite suivant les circonstances & suivant l'ordre qui lui aura été donné par le Commandant en chef de la seconde ligne, soit pour marcher au pas de charge au-devant de la première ligne si elle est suivie, pour passer au travers d'elle, ou par un intervalle, & charger sans différer ce qui se présenteroit, soit en arrêtant & attendant dans cette position que la colonne soit dépassée par la première ligne pour la déploier sous la protection du feu de file des deux pelotons de la tête qui n'auront point à bouger pendant le déploiement, soit pour se porter au pas de charge sur le débouché ou le retran-chement que la première ligne n'auroit pu forcer, soit en marchant par son flanc droit ou par son flanc gauche pour charger le flanc des Troupes qui, en suivant la première ligne, essaieroient de pénétrer dans les intervalles qu'auroit laissé la seconde pour le déblai de la première.

Enfin l'Officier supérieur de chaque bataillon, suivra ce que lui dictera son courage & la circonstance, pour achever ce que la première ligne n'auroit pu faire, ou pour la secourir, & lui donner le temps & la facilité de se rallier.

Si la première ligne se retiroit en ordre, & si la tête du bataillon de deuxième ligne se présentoit vis-à-vis une portion du bataillon de première ligne, la division ou peloton du bataillon de première ligne, qui feroit obstacle à la tête de la colonne de seconde ligne, se partageroit par le pas oblique pour doubler le peloton ou la section de droite derrière le peloton ou la section de sa droite, le peloton ou la section de gauche derrière le peloton ou la section de sa gauche.

Ces deux pelotons ou ces deux sections se doubleront ainsi ; ils rentreront en ligne après avoir dépassé la colonne par les mouvemens contraires, chacun au commandement du chef du peloton ou de la section.

Cette disposition de seconde ligne en colonne, pourra également se prendre dans les bataillons de première ligne, soit pour pénétrer dans un débouché qu'ils auroient devant eux, soit pour forcer certaines parties d'un front d'attaque, & en éviter d'autres qui seroient plus difficiles à forcer, soit pour pour suivre la ligne ennemie qui auroit plié.

Cette disposition pourroit se prendre encore sur tout le front d'une ligne qui devant se retirer en conservant cependant, à tous instans, la possibilité de se déploier pendant sa retraite, acquerroit dans cette disposition plus de facilité pour accélérer sa marche, & pour se déploier au moment où elle pourroit avoir besoin de son feu.

Dans le cas où cette colonne devroit être employée en retraite, elle seroit formée de même : mais elle feroit demi-tour à droite après s'être formée, & marcheroit par le dernier rang.

L'Officier supérieur de chaque bataillon, se tiendroit cependant derrière le premier rang devenu le dernier, pour être plus à portée de juger des mouvemens de l'ennemi.

Cette disposition pouvant être utile dans une infinité de circonstances, & devant être employée dans des momens quelquefois très-urgens, on accoutumera les bataillons à la prendre, & à revenir par le déploiement dans l'ordre naturel, avec la plus grande vivacité, soit sans tirer, soit en faisant exécuter le feu de files aux deux

pelotons

pelotons du centre, qui forment la tête de la colonne, & successivement à chacun des pelotons, à mesure qu'ils feront déployés.

TITRE XIII.

Principes généraux des mouvemens des lignes, pour changer leur position.

ARTICLE PREMIER.

Mouvemens d'un ou deux bataillons en bataille, pour changer leur position.

UN ou deux bataillons devant inopinément changer leur position, rompront à droite ou à gauche, suivant qu'ils devront prendre une position dont la nouvelle ligne de direction tombera vers leur droite ou vers leur gauche.

Ils se conformeront ensuite à ce qui a été prescrit au *Titre X, articles 3, 4, 5* ou *6,* suivant le côté par lequel ils devront faire face, & suivant que par la nature du mouvement ils entreront dans la nouvelle ligne de direction, par - devant ou par - derrière cette nouvelle ligne.

Si cette nouvelle position se trouve précisément tomber sur l'extrémité de la droite & si on doit faire face à droite, ou sur l'extrémité de la gauche & si on doit faire face à gauche, la droite ou la gauche restant toujours appuyée au même point; alors l'Officier supérieur du bataillon qui se trouvera le plus près de la nouvelle ligne de direction, après avoir fait rompre par les commandemens prescrits au *Titre VIII,* commandera, *Peloton de droite* ou *de gauche,* ne bouge; à cet avertissement, le chef de ce peloton commandera, *à droite = alignement* si on a rompu à droite; *à gauche = alignement* si on a rompu à gauche, & le refte du bataillon fe conformera pour les commandemens & l'exécution, à ce qui eft prefcrit au *Titre X, article 3* ou *5*, pour les derniers pelotons d'un bataillon, dont un ou plufieurs pelotons fe trouvent déjà fur la ligne de direction.

Le bataillon qui en fera le plus éloigné fe portera en colonne en fe déboîtant diagonalement en avant; lorfqu'il arrivera près de la nouvelle ligne, il fe conformera à ce qui eft prefcrit au *Titre X, article 3* ou *5*, fuivant la nature du mouvement.

Si la nouvelle ligne de direction tombant fur l'extrémité de la droite, on doit faire face à gauche; ou fi tombant fur l'extrémité de la gauche, on doit faire face à droite, de manière que la droite ou la gauche du bataillon ne change point de terrein; alors l'Officier fupérieur du bataillon qui fe trouvera le plus près de la nouvelle ligne de direction, avant de faire rompre, par les moyens prefcrits au *Titre VIII*, placera le peloton de l'aile droite ou de l'aile gauche, fur la nouvelle direction par les principes de l'alignement; il fera rompre enfuite, & fe conformera, pour les commandemens & l'exécution, à ce qui eft prefcrit au *Titre X, article 4* ou *6,* pour faire arriver les pelotons par le flanc fur la nouvelle ligne de direction.

Le bataillon qui fe trouvera le plus éloigné de la nouvelle direction, l'y portera en colonne, en fe déboîtant diagonalement en arrière, & en arrivant fur cette nouvelle direction, il fe conformera à ce qui eft prefcrit au *Titre X, article 4* ou *6.*

> *Nota.* On peut voir fur la *Planche XIII, figure 1.ere* le mécanifme de ces mouvemens, en prenant pour le changement de front à droite, la partie gauche de cette figure qui, en fe portant en avant, manœuvre par fa droite; & pour le changement de front à droite en arrière, la partie droite qui, en fe portant en arrière, manœuvre par fa gauche.

Si en manœuvrant par l'aile droite pour faire face à droite ou à gauche, ou fi en manœuvrant par l'aile gauche, pour faire face à gauche ou à droite, on doit se prolonger sur la nouvelle ligne de direction, alors le peloton de l'aile rompra comme les autres, l'Officier supérieur du bataillon de droite si on a rompu à droite, celui du bataillon de gauche si on a rompu à gauche, commandera, dans la première supposition, *Chefs de peloton à l'aile gauche;* dans la seconde supposition, *Chefs de peloton à l'aile droite.*

Aussitôt après que les chefs de peloton seront placés, l'Officier supérieur indiquera au chef du peloton de l'aile par laquelle s'exécutera le mouvement, le point sur lequel il devra se diriger, & commandera ensuite :

Par bataillon en avant ou en arrière en colonne = marche.

Le chef du peloton de l'aile se dirigera en avant ou en arrière, suivant le commandement sur la nouvelle ligne de direction, & les autres pelotons le suivront en venant tourner sur le même terrein par les principes de la marche en colonne; le bataillon de gauche si on manœuvre par l'aile droite, le bataillon de droite si on manœuvre par l'aile gauche, se déboîtera diagonalement en avant ou diagonalement en arrière, suivant le commandement fait au bataillon qui s'est trouvé le plus près de la nouvelle ligne; en observant cependant que son premier peloton ne s'éloigne pas trop du dernier peloton de l'autre bataillon, afin de pouvoir sans perdre sa distance, entrer à sa suite sur la nouvelle ligne de direction s'il continue de s'y prolonger; dans ce cas, l'Officier supérieur du bataillon feroit placer les chefs de peloton sur l'aile côté du chef-de-file avant d'arriver sur cette nouvelle ligne.

Si lorsque le peloton de la tête arrêtera, tous les pelotons faisant partie du même bataillon ne sont point encore entrés dans la nouvelle ligne de direction, l'Officier supérieur de ce bataillon, se conformera pour les commandemens & l'exécution, à ce qui est prescrit au *Titre X, articles 3, 4, 5* ou *6,* suivant la nature du mouvement, pour faire arriver ces pelotons par le flanc fur la nouvelle ligne de direction.

Le bataillon qui, après s'être déboîté, marchoit cependant, fans s'écarter fenfiblement de la direction des derniers pelotons, prendra alors une nouvelle direction, afin de fe tenir toujours à même diftance des derniers pelotons qui entrent par le flanc.

Si un ou deux bataillons fe trouvoient tellement preffés par la circonftance qu'ils n'euffent pas le temps d'exécuter leur changement de front, le bataillon qui fe trouveroit le plus près de l'ennemi fe romproit par divifion, ferreroit en maffe pour charger l'ennemi auffitôt après, ou pour attendre dans cette pofition en faifant feu de fa divifion de tête.

Le fecond bataillon romproit de même, ferreroit promptement en maffe, & arriveroit également au grand pas de manœuvre pour venir fecourir le premier attaqué.

Si l'Officier fupérieur du bataillon le plus près de l'ennemi après avoir ferré en maffe, croyoit avoir befoin de fon feu, & avoir le temps de fe déployer, il fe conformeroit à tout ce qui eft prefcrit au *Titre X, article 10, des Déploiemens.*

Un bataillon feul pourroit encore changer fon front fur le même terrein, en donnant peu-à-peu & infenfiblement, une nouvelle direction à fon peloton de droite ou de gauche, ou même à fon peloton du centre, ce qui raccourciroit le mouvement de moitié.

Chaque peloton fe conformeroit à mefure & fucceffivement, mais avec la plus grande célérité à cette nouvelle direction, par les principes d'alignement.

Dans ces circonftances imprévues, le fuccès du mouvement dépend du coup-d'œil & de la préfence d'efprit du Chef, qui fait faifir à propos l'inftant & le moyen le plus convenable à fa pofition; il dépend enfuite de la

fermeté,

fermeté, de l'attention & de la prompte obéiffance qu'il trouve dans la troupe qu'il commande.

A R T I C L E 2.

Des différentes pofitions qu'une ligne en bataille peut occuper.

LES différentes pofitions qu'une ligne en bataille peut être dans le cas d'occuper, rentrent toutes, fans exception, dans un des quatre premiers exemples du *Titre X*, *articles 3, 4, 5 & 6, des différentes manières de fe mettre en bataille;*

S A V O I R,

Colonne avec la droite en tête, arrivant par-derrière ou par-devant la ligne de direction, *articles 3 & 4;* colonne avec la gauche en tête, arrivant par-derrière ou par-devant la ligne de direction, *articles 5 & 6.*

Ainfi en appliquant à chacune de ces quatre fuppo-fitions les moyens indiqués, foit pour les pelotons dans l'inftant où il leur eft prefcrit d'entrer par le flanc dans la nouvelle direction, foit pour les bataillons entiers dans l'inftant où il leur eft prefcrit de fe déboîter de la colonne principale, au moment où cette colonne arrête; fi les uns ou les autres ne font point dans la nouvelle ligne de direction, il n'eft aucune pofition qu'une ligne ne puiffe prendre en avant ou en arrière de fon front, en reftant de pied-ferme ou en fe prolongeant par une de fes ailes fur la nouvelle ligne de direction, pour faire face à droite ou à gauche.

L'application de ces quatre exemples deviendra plus fenfible encore, en expliquant que toutes les fois que la ligne de direction de la nouvelle pofition paffera par l'extrémité de la droite ou au-delà de la droite, la ligne rompra & manœuvrera par fa droite.

Elle arrivera alors avec la droite en tête, par-derrière

la ligne de direction si elle doit faire face à droite, & chacun des bataillons se déboîtera de la colonne principale, après avoir rompu à droite, par le commandement :

Par bataillon en avant diagonalement en colonne.

Elle arrivera avec la droite en tête, par-devant la nouvelle ligne de direction si elle doit faire face à gauche, & chacun des bataillons de la ligne se déboîtera de la colonne principale, après avoir rompu à droite, par le commandement :

Par bataillon en arrière diagonalement en colonne.

Toutes les fois au contraire, que la ligne de direction de la nouvelle position, passera par l'extrémité de la gauche ou au-delà de la gauche, la ligne rompra & manœuvrera par sa gauche.

Si elle doit faire face à gauche, elle arrivera alors avec la gauche en tête, par-derrière la nouvelle ligne de direction, & chaque bataillon de la ligne se déboîtera de la colonne principale, après avoir rompu à gauche, par le commandement :

Par bataillon en avant diagonalement en colonne.

Si elle doit faire face à droite, elle arrivera avec la gauche en tête par-devant la nouvelle ligne de direction, & chacun des bataillons se déboîtera de la colonne principale, après avoir rompu à gauche, par le commandement :

Par bataillon en arrière diagonalement en colonne.

ARTICLE 3.

Mouvemens par le centre.

LE même principe s'applique également aux mouvemens sur le centre, puisqu'alors, si la nouvelle direction passe au travers de celle qu'on se propose de quitter, & si on doit faire face à droite, la partie gauche de la ligne, qui aura à sa droite la nouvelle ligne de direction, rompra, manœuvrera par fa droite, & arrivera dans la nouvelle pofition par-derrière la ligne de direction, tandis que la partie droite de la ligne, qui aura à fa gauche la nouvelle ligne de direction, rompra, manœuvrera par fa gauche, & arrivera dans la nouvelle pofition par-devant la ligne de direction.

Si dans un mouvement central on doit au contraire faire face à gauche, la partie droite de la ligne, qui aura à fa gauche la nouvelle ligne de direction, rompra, manœuvrera par fa gauche, & arrivera dans la nouvelle pofition par-derrière la nouvelle ligne de direction, tandis que la partie gauche de la ligne, qui aura à fa droite la nouvelle ligne de direction, rompra, manœuvrera par fa droite & arrivera par-devant la nouvelle ligne de direction.

ARTICLE 4.

Mouvement central à droite de pied-ferme.

CETTE règle générale pour fe rompre dans un mouvement central de la première ligne, ne peut avoir d'exception que pour un feul peloton de la ligne.

Si la direction de la nouvelle pofition, paffe précifément au travers d'un bataillon, alors dans le premier cas du mouvement central, & pour faire face à droite, le peloton de gauche de l'aile droite, qui fe trouvera précifément à côté du peloton de droite de l'aile gauche, qui devra rompre à droite, ne pourroit fe rompre à gauche comme tout le refte de l'aile droite dont il fait partie, fans venir fe confondre avec le peloton qui romproit à côté de lui par un mouvement contraire.

Ainfi ce peloton feul ne rompra point; mais à l'inftant où toute la ligne rompra, il fe portera par le plus court chemin, & en marchant par fon flanc gauche pour entrer avec fon flanc gauche dans la nouvelle ligne, par le point où devra fe trouver la droite de fon peloton.

En arrivant sur la nouvelle ligne, il sera *par file à droite,* pour se prolonger sur l'alignement du peloton qui aura rompu à droite, & se placer à côté de lui.

Le chef de ce peloton commandera alors *halte, front à gauche = alignement,* en se conformant à ce qui est prescrit au *Titre X, article 1 0, des déploiemens pour les alignemens successifs,* lorsque deux subdivisions doivent s'aligner l'une à droite, l'autre à gauche.

Le peloton qui aura rompu à droite, & qui n'aura point eu à bouger parce qu'après avoir rompu il se sera trouvé précisément dans la nouvelle ligne de direction, s'alignera à droite au commandement de son chef qui se portera à l'aile droite, & qui se reculera au second rang lorsque le chef du peloton, qui aura marché par son flanc gauche, se mettra à la gauche de son peloton pour l'aligner.

Aussitôt que ces deux pelotons seront placés, le mouvement général commencera; chaque portion de la ligne se conformera suivant que les pelotons ou les bataillons se trouveront dans le cas d'arriver par-devant ou par-derrière la ligne de direction, avec la droite en tête dans les bataillons de l'aile gauche, avec la gauche en tête dans les bataillons de l'aile droite, à ce qui est prescrit au *Titre VIII, articles 4 & 6, des différentes manières de rompre le régiment,* pour se déboîter de la colonne principale; à ce qui est prescrit au *Titre X, articles 3 & 6,* suivant la circonstance dans laquelle les bataillons se trouveront à l'instant où ils seront prêts d'entrer dans la nouvelle ligne de direction.

Ce mouvement est représenté sur la *planche XIII,* exécuté par trois bataillons, la ligne de direction tombant entre le troisième & le quatrième peloton du second bataillon.

ART. 5.

ARTICLE 5.

Mouvement central à gauche de pied-ferme.

Si c'étoit un mouvement central pour faire face à gauche, il s'exécuteroit, après avoir fait rompre la ligne, par les moyens inverses dans tous les pelotons & dans tous les bataillons de la ligne.

ARTICLE 6.

Mouvement central à droite en marchant en avant.

Si, en changeant ainsi la position d'une ligne par son centre, le Commandant en chef vouloit porter ce centre en avant, alors si c'est à droite, & comme on le voit sur la *planche XIII, figure 2,* où ce mouvement est exécuté par la droite avec six bataillons, la nouvelle direction tombant entre le troisième & le quatrième peloton du quatrième bataillon de la droite ; alors la ligne de direction passant à la droite du quatrième peloton, le quatrième & le cinquième peloton de ce bataillon ne rompront point ; mais pendant que tout ce qui sera à la droite de ces deux pelotons, rompra à gauche ; & que tout ce qui sera à leur gauche, rompra à droite, ils se porteront en avant deux fois l'étendue de leur front, ainsi que dans le passage du défilé en avant par pelotons, excepté qu'en arrêtant ils s'aligneront, le peloton de la droite qui va former la tête de la colonne de droite à droite, parce que cette colonne a la gauche en tête ; le peloton de gauche qui va former la tête de la colonne de gauche à gauche, parce que cette colonne a la droite en tête.

Ces deux pelotons s'étant placés pendant que les autres auront rompu, toute l'aile droite à gauche, toute l'aile gauche à droite, le mouvement général commencera par les commandemens :

Pl. XIII.
Fig. 2.

B b b

1.

Colonnes en avant.

2.

Marche.

Pour les deux colonnes réunies, compofées; celle de droite des quatrième, troifième, deuxième & premier pelotons du quatrième bataillon; celle de gauche des cinquième, fixième, feptième & huitième pelotons de ce même bataillon.

Ce commandement fera fait à ce bataillon en même temps que le Commandant en chef commandera, ou fera commander pour tous les autres bataillons de l'aile droite.

1.

Par bataillon en arrière diagonalement en colonne.

2.

Marche.

Et pour tous les bataillons de l'aile gauche.

1.

Par bataillon en avant = en colonne.

2.

Marche.

Les deux colonnes réunies marcheront droit en avant, celle de gauche fe féparant de quatre pas de celle de droite, jufqu'au point où le Commandant en chef jugera à propos de les arrêter.

Lorfque la tête de la colonne de droite fera arrivée au point où elle devra arrêter, les deux colonnes arrêteront; celle de droite, au commandement qui lui fera fait, fe mettra à droite en bataille.

Auffitôt qu'on commandera *marche* à la colonne de

droite pour fe mettre en bataille, on commandera à celle de gauche :

1.

Colonne en avant.

2.

Marche.

Et auffitôt après :

Sur la droite en bataille,

en fe conformant à ce qui eft prefcrit au *Titre X, article 8.*

Pendant ce temps-là, les troifième, deuxième & premier bataillons fe porteront diagonalement en arrière par le plus court chemin fur la nouvelle ligne de direction, fi le troifième en arrivant trouve les deux colonnes réunies encore en marche, il fe dirigera dans le prolongement de la file droite de la colonne de droite, & s'arrêtera en même - temps qu'elle.

Si lorfqu'il arrêtera, tous fes pelotons ne font point encore entrés dans la nouvelle ligne de direction, ils fe conformeront à ce qui eft prefcrit au *Titre X, article 6;* d'une colonne arrivant avec la gauche en tête par-devant la ligne de direction, pour les pelotons qui ne font point encore entrés dans la nouvelle ligne de direction, lorfque le refte de la colonne fe met en bataille.

Le fecond & le premier bataillon fe conformeront également à ce même principe.

Le cinquième & le fixième bataillon de l'aile gauche, marcheront perpendiculairement en avant, parallèlement entre eux, parallèlement & à hauteur des deux colonnes réunies.

Lorfque les derniers pelotons de la colonne de gauche de ces deux colonnes, achèveront de fe former fur la droite en bataille, la tête de chacun de ces bataillons fe rabattra fans commandement & au feul avertiffement de l'Officier supérieur commandant chaque colonne, pour marcher diagonalement en avant, & pour se porter par le chemin le plus court sur la nouvelle ligne de direction; chacun des bataillons se conformera, en y arrivant, à ce qui est prescrit au *Titre X, article 3*, pour une colonne avec la droite en tête arrivant par-derrière la nouvelle ligne de direction, dont les bataillons ne sont point encore entrés dans la nouvelle ligne à l'instant où le reste de la colonne se forme en bataille.

Dans tous les mouvemens de centre, le Commandant en chef ou celui qu'il aura particulièrement chargé de ses ordres, se portera au point pris pour centre, afin que dirigeant de ce point, de quelle manière devront se rompre les pelotons les plus voisins de ceux au travers desquels passe la nouvelle ligne de direction, le mouvement se communique de proche en proche, du centre aux ailes, si la voix ne peut pas s'y faire entendre.

Il n'y a point d'autres commandemens prescrits pour faire changer la position d'une ligne en bataille, à droite ou à gauche, par une aile ou par l'autre, ou par le centre, que ceux indiqués pour rompre, & ceux indiqués pour déboîter les bataillons de la colonne principale après être rompus, soit pour marcher perpendiculairement ou diagonalement en avant ou en arrière.

La manière dont se rompent les bataillons les plus voisins du point d'où part le mouvement, indique suffisamment aux autres bataillons de la ligne ce qu'ils doivent faire, si le commandement pour rompre ne leur est pas parvenu.

La manière dont se déboîtent, soit en avant, soit en arrière, les bataillons qui sont les plus voisins du point d'où part le mouvement, indique suffisamment aux bataillons plus éloignés ce qu'ils doivent exécuter, supposé que le commandement ne soit pas parvenu jusqu'à eux, puisque chaque bataillon de la ligne, de proche en

proche,

proche, doit fe conformer aux mouvemens qu'il voit exécuter en avant de lui aux bataillons qui ont rompu du même côté, & qui étant toujours près du point d'où part le mouvement, ne peuvent ignorer ce qu'ils doivent faire, foit parce que les Officiers fupérieurs qui les commandent favent d'avance ce qu'ils doivent exécuter, foit parce qu'ils auront entendu le commandement pour fe déboîter.

A R T I C L E 7.

Mouvement central à droite marchant en arrière.

LE mouvement central à droite fe feroit également en marchant en arrière; mais il faudroit d'abord faire exécuter la contre-marche, non pas aux deux mêmes pelotons, mais à chacun des deux pelotons féparément, entre lefquels pafferoit la nouvelle ligne de direction; ainfi ce feroit le troifième & le quatrième peloton du quatrième bataillon qui exécuteroient en même-temps, mais chacun pour leur compte, la contre-marche.

Pendant qu'ils exécuteront ce mouvement, les autres pelotons & tous les bataillons de l'aile droite, rompront à gauche, les autres pelotons & tous les bataillons de l'aile gauche rompront à droite.

Les bataillons de l'aile droite qui. dans le premier exemple du changement de front fur le centre en marchant en avant, s'étoient d'abord dirigés diagonalement en arrière, fe dirigeront perpendiculairement en arrière, tandis que ceux de l'aile gauche qui s'étoient d'abord dirigés perpendiculairement en avant, fe dirigeront diagonalement en avant.

Les deux colonnes réunies marcheront auffi long-temps qu'elles devront marcher en arrière.

A l'inftant où on les arrêtera, celle des deux qui aura la droite en tête, & par conféquent celle qui aura rompu à droite, & qui dans le premier exemple du changement

C c c

de front fur le centre en marchant en avant, s'étoit mife fur la droite en bataille, fe mettra à gauche en bataille; tandis que celle qui, dans le premier exemple du changement de front en marchant en avant, s'étoit formée à gauche en bataille, & qui dans ce cas-ci fe trouvera à la gauche de fon terrein avec la gauche en tête, fe mettra en bataille par le même principe que celui qui eft prefcrit pour une colonne avec la gauche en tête arrivant par-devant la nouvelle ligne de direction, elle s'y conformera à la vérité par un mouvement plus forcé, attendu qu'au lieu de fe trouver perpendiculairement ou à peu-près fur la nouvelle ligne de direction, elle fe trouvera parallèlement à elle; par conféquent, les pelotons en allant par le flanc gauche entrer dans la nouvelle ligne de direction, le bataillon exécutera l'équivalent de la contremarche de tout ce bataillon.

En même-temps que les derniers pelotons de ce bataillon entreront dans la nouvelle ligne de direction, tous les bataillons de l'aile droite qui auront continué de marcher perpendiculairement en arrière, parallèlement entr'eux, parallèlement & à hauteur des deux colonnes réunies, fe dirigeront diagonalement pour arriver par le plus court chemin avec la gauche en tête par-devant la nouvelle ligne de direction.

Les bataillons de l'aile gauche qui fe feront dirigés diagonalement en avant pour arriver fur la nouvelle ligne de direction par le chemin le plus court, fe conformeront à ce qui eft prefcrit pour les colonnes arrivant avec la droite en tête par-derrière la ligne de direction, foit pour fe prolonger fur la file gauche de la colonne de droite fi elle eft encore en marche, & qui, ainfi que ces autres bataillons aura la droite en tête, foit pour entrer par le flanc gauche des pelotons fur la nouvelle ligne de direction, fi cette même colonne eft déjà arrêtée & formée en bataille, dans le moment où ils arriveront près de la nouvelle ligne de direction.

Il faut encore obferver que la nouvelle ligne de direction fe fera trouvée pendant la marche des deux colonnes réunies paffant entre les deux colonnes, & que ces deux colonnes ayant marché chacune fuivant le principe des colonnes avec la droite ou la gauche en tête, elles auront marché avec la tête l'une vers l'autre; celle qui fera à la gauche des deux, fe féparera cependant de l'autre à quatre pas au moins, tandis que la file d'Officiers placés à l'aile gauche des pelotons de la colonne de droite fe prolongera fur la ligne de direction.

ARTICLE 8.

Mouvemens des fecondes lignes.

LES fecondes lignes devant fe conformer aux mouvemens des premières, ont quelques règles à obferver pour n'être pas gênées par les mouvemens de la première, lorfque par la nature du mouvement la première précède la feconde; & pour ne pas gêner la première, lorfque par la nature du mouvement la feconde précède la première.

Ces règles font en petit nombre, & peuvent fe réduire à quelques principes généraux dont on pourra faire l'application fuivant les circonftances.

La première ligne précède la feconde, toutes les fois que la première arrive dans fa nouvelle pofition par-derrière la ligne de direction.

La feconde précède la première, dans tous les mouvemens où la première entre dans fa nouvelle pofition en arrivant par-devant la ligne de direction.

Dans la première fuppofition, la feconde ligne ne pourroit fe mouvoir en même-temps que la première, fi le déboîtement des colonnes de la première ligne ne s'exécutoit pas au premier inftant du mouvement.

Dans la feconde, la première ligne ne pourroit fe mouvoir qu'après la feconde, fi le déboîtement des colonnes de feconde ligne ne s'exécutoit pas dès le premier inftant du mouvement.

Il faut encore obferver que quoiqu'une ligne puiffe exécuter tous les mouvemens en formant des colonnes par bataillon, par régiment, par brigades, ou même par des colonnes compofées d'un plus grand nombre de bataillons, cependant toutes les fois que les colonnes excèderont en profondeur la diftance déterminée entre les deux lignes, le mouvement de la feconde fera néceffairement retardé par le furplus de cette profondeur, lorfque conformément à la première fuppofition, la première précèdera la feconde, la première fera également retardée par le furplus de cette profondeur lorfque conformément à la feconde fuppofition la feconde précèdera la première.

De ce principe, réfulte la néceffité de multiplier les colonnes autant que le terrein le permettra, & de cette néceffité réfulte en même-temps, l'avantage d'ajouter à la précifion, la plus grande célérité du mouvement général, par la légèreté qu'acquièrent en elles-mêmes les colonnes à mefure qu'elles diminuent de profondeur.

La première ligne déterminant prefque toujours le mouvement de la feconde, gêne encore la feconde, toutes les fois que la nouvelle ligne de direction paffant par l'extrémité de la droite, la première en rompant & manœuvrant par fa droite, doit faire face à droite *(Titre X, article 3, colonne avec la droite en tête, arrivant par-derrière la ligne de direction)*.

La première ligne gêne encore la feconde, toutes les fois que la nouvelle ligne de direction paffant par l'extrémité de la gauche, la ligne en rompant & en manœuvrant par fa gauche, doit faire face à gauche *(Titre X, article 5, colonne avec la gauche en tête, arrivant par - derrière la ligne de direction)*.

Dans cette première & dans cette feconde fuppofition, la feconde ligne ne pourroit manœuvrer par fon aile, ainfi que la première, fans venir fe confondre fur
l'alignement

l'alignement de la première, elle se trouveroit même déborder la première par l'aile droite, & en être débordée par l'aile gauche, en raison de la distance qui séparoit les deux lignes si la première avoit rompu & manœuvré par sa droite, pour faire face à droite; elle se trouveroit également déborder l'aile gauche & être débordée par sa droite si la première ligne avoit rompu & manœuvré par sa gauche, pour faire face à gauche.

De ce principe, résulte pour la seconde ligne, la nécessité d'exécuter un mouvement central, toutes les fois que la première exécute un mouvement par l'aile droite pour faire face à droite, ou un mouvement par l'aile gauche, pour faire face à gauche.

Le point à prendre pour centre dans la seconde ligne doit être choisi en raison de la distance déterminée entre les deux lignes, & en raison de l'angle plus ou moins ouvert que formera la nouvelle position de la première ligne sur l'ancienne.

ARTICLE 9.

Mouvement sur deux lignes par l'aile gauche pour faire face à gauche.

La distance entre les deux lignes étant fixée à un bataillon & un intervalle de bataillon (ce qui n'est déterminé ici que par supposition), & la nouvelle position de la première ligne devant former un angle droit sur l'ancienne, le point à choisir pour centre du mouvement dans la seconde ligne, sera, les deux pelotons de gauche du cinquième bataillon, qui marcheront en avant deux fois l'étendue de leur front, ainsi qu'il est prescrit pour les quatrième & cinquième pelotons du quatrième bataillon de l'aile droite (*Article 6 de ce Titre : Mouvement central en marchant en avant*).

Pendant que le sixième bataillon rompra à droite, le

D d d

furplus du cinquième & tous les autres jufqu'à la droite, rompront à gauche.

Les deux pelotons qui fe feront en même-temps portés en avant, auront la tête des deux colonnes réunies; celle de la droite, fera compofée des feptième, fixième, cinquième, quatrième, troifième, deuxième & premier pelotons du cinquième bataillon.

Celle de la gauche fera compofée du fixième bataillon tout entier & du peloton de gauche du cinquième qui en aura la tête.

Les deux colonnes réunies à quatre pas près, marcheront jufqu'à ce que la colonne de gauche fe trouve derrière fon bataillon correfpondant de première ligne.

Tous les bataillons de l'aile droite formant chacun leur colonne, marcheront perpendiculairement en avant; parallèlement entr'eux, parallèlement & à la hauteur des deux colonnes réunies, jufqu'à l'inftant où la colonne de droite de ces deux colonnes réunies achèvera de fe mettre en bataille par les commandemens:

Sur la gauche en bataille.

Ce commandement ne fe fera que lorfque le bataillon de gauche de cette feconde ligne, fe trouvera vis-à-vis & à hauteur de fon bataillon, correfpondant dans la première ligne.

La tête de chacune des autres colonnes, fe dirigera diagonalement & par le plus court chemin vers la nouvelle ligne de direction, à l'inftant où les derniers pelotons de la colonne de droite (qui fe forme fur la gauche en bataille) achèveront de fe former.

A R T I C L E   10.

Mouvement fur deux lignes par l'aile droite,
pour faire face à droite.

Si la première ligne rompt & manœuvre par fa droite,

pour faire face à droite, & pour prendre une position perpendiculaire fur l'ancienne, la diftance entre les deux lignes étant toujours fuppofée d'un bataillon & d'un intervalle, le point à prendre pour centre du mouvement dans la feconde ligne, fera les deux pelotons de droite du fecond bataillon de l'aile droite de la feconde ligne, qui auront la tête des deux colonnes réunies formées; celle de la droite, du premier bataillon tout entier de l'aile droite & du péloton de droite du fecond bataillon qui en aura la tête; celle de la gauche, des deuxième, troifième, quatrième, cinquième, fixième, feptième & huitième pelotons du fecond bataillon.

Les deux colonnes réunies à quatre pas près, marcheront jufqu'à ce que la colonne de droite fe trouve derrière fon bataillon correfpondant de première ligne; celle de la droite fe mettra à droite en bataille, & celle de gauche de cés deux colonnes, fur la gauche en bataille.

Tous les bataillons, autant qu'il y en aura jufqu'à la gauche formant chacun leur colonne, auront marché perpendiculairement en avant, parallèlement entre eux, parallèlement & à hauteur des deux colonnes réunies, ils fe dirigeront tous en même-temps diagonalement par le plus court chemin vers la nouvelle ligne de direction, à l'inftant où les derniers pelotons de la colonne de gauche des deux colonnes réunies, achèveront de fe former en bataille, par le commandement:

Sur la droite en bataille.

ARTICLE II.

Des Mouvemens de centre fur deux lignes.

Mouvement de centre à droite de pied-ferme, ou en marchant en avant.

LA diftance entre les deux lignes ayant, dans le mouvement par l'aile gauche, pour faire face à gauche, déterminé le point qui devoit être pris pour centre dans la seconde ligne, sur les deux pelotons de gauche du second bataillon de gauche, & dans le mouvement par l'aile droite pour faire face à droite, sur les deux pelotons de droite du second bataillon de l'aile droite; si, partant de la même supposition de distance entre les deux lignes, le mouvement se fait sur le centre à droite dans la première ligne; en prenant pour centre du mouvement dans la seconde ligne le point qui se trouvera plus vers la gauche d'un bataillon & d'un intervalle, en prolongeant les deux colonnes réunies, ainsi que dans le mouvement par l'aile droite jusqu'à ce que chaque bataillon de seconde se trouve à hauteur de son bataillon correspondant dans la première, & y arrêtant ces deux colonnes; la seconde ligne aura sa distance après le mouvement fini: mais la seconde ligne aura nécessairement fini son mouvement plus tard que la première de tout le temps qui lui sera nécessaire pour prolonger les deux colonnes réunies.

Si la première ligne a marché en avant, les deux colonnes réunies de seconde ligne, devront se prolonger d'autant plus: on voit un mouvement de cette espèce pour faire face à gauche, exécuté sur la *Planche XVI*, où les deux pelotons du centre marchent quelques pas en avant.

<h2 style="text-align:center">A R T I C L E 12.</h2>

Mouvement central à droite sur deux lignes en marchant en arrière.

Si le mouvement central s'exécutoit en marchant en arrière, ainsi que dans l'*article 7 de ce Titre*, la seconde ligne, dans cette seule exception, régleroit la première, attendu que par la nature du mouvement, les deux colonnes réunies de seconde ligne, précéderoient les deux colonnes réunies de première ligne.

Ainsi, dans le cas du mouvement central à droite en arrière,

arrière, la première ligne exécuteroit le même mouvement que la feconde, mais fur un point pris d'un bataillon & d'un intervalle plus vers la droite, & les deux colonnes réunies de première ligne fe prolongeroient jufqu'à ce que chaque bataillon de première ligne fût devant fon bataillon correfpondant dans la feconde : la feconde ligne fe trouveroit formée plus tôt que la première, du temps néceffaire pour prolonger les deux colonnes réunies.

Si tous ces mouvemens s'exécutent à gauche, on trouvera le principe des mouvemens de feconde ligne, dans les fuppofitions fuivantes.

Si la première exécute un changement de front central à gauche de pied-ferme, on trouvera le principe du mouvement de la feconde dans celui qui eft indiqué pour la feconde lorfque l'aile gauche de la première a rompu & manœuvré par fa gauche pour faire face à gauche, *article 9 de ce Titre, Planche XV.*

Si le mouvement s'exécute à gauche en marchant en avant ou en arrière, on trouvera les principes des mouvemens des deux lignes, en appliquant, après avoir rompu, les moyens inverfes du mouvement central à droite en marchant en avant, & du mouvement central à droite en marchant en arrière.

Les mouvemens des deux colonnes réunies bien connus, le mouvement des bataillons des ailes eft abfolument femblable dans les deux lignes.

Dans les mouvemens de centre à droite, foit de pied-ferme, foit en marchant en avant, foit en marchant en arrière, les bataillons de l'aile droite de première & feconde ligne arrivent toujours avec la gauche en tête par-devant la nouvelle ligne de direction, & les bataillons de l'aile gauche arrivent toujours avec la droite en tête par-derrière la nouvelle ligne de direction.

Dans un mouvement central à gauche, foit de pied-ferme, foit en marchant en avant, foit en marchant en

E e e

arrière, les bataillons de l'aile gauche de première &
seconde ligne arrivent toujours avec la droite en tête
par-devant la nouvelle ligne de direction, & les bataillons
de droite de première & seconde ligne, arrivent toujours
avec la gauche en tête par-derrière la nouvelle ligne
de direction.

Il faut toujours excepter de cette règle générale les
deux colonnes réunies partant du point pris pour centre
dans chaque ligne, puisque ces colonnes ont une direction
qui leur est propre.

A R T I C L E 13.

Positions obliques que peuvent prendre une ou
deux lignes en bataille.

Tous les exemples précédens ont été supposés exécutés,
en prenant une nouvelle position perpendiculaire sur
l'ancienne; mais comme une ligne peut prendre autant
de positions qu'il y a de points dans la circonférence, &
qu'on ne peut établir un exemple pour chacune des suppositions possibles, il suffit de déterminer le principe d'après
lequel on doit choisir le point pris pour centre dans la
seconde ligne, toutes les fois qu'elle a un mouvement
central à exécuter, pour suivre sa première ligne.

Si le mouvement de la première ligne se fait par l'aile
gauche, pour faire face à gauche, plus l'angle que formera la nouvelle position sur l'ancienne, sera ouvert &
au-delà d'un angle droit, plus le point qui devra être
pris pour centre dans la seconde ligne, devra être éloigné
de l'aile gauche.

Moins, au contraire, dans le même mouvement,
l'angle que formera la nouvelle position sur l'ancienne
sera ouvert & au-dessous d'un angle droit, plus le point
qui devra être pris pour centre dans la seconde ligne,
devra être rapproché de l'aile gauche.

Si la première ligne rompt, manœuvre par fon aile droite, & fait face à droite, le point qui devra être pris pour centre dans la feconde ligne, s'éloignera ou fe rapprochera de l'aile droite, comme il s'eft éloigné ou comme il s'eft rapproché de l'aile gauche, en raifon de l'ouverture plus ou moins grande de l'angle que formera la nouvelle pofition fur l'ancienne.

Le même principe s'applique également dans les mouvemens de centre de la première ligne, fuivant l'ouverture plus ou moins grande de l'angle que formera la nouvelle pofition fur l'ancienne; de manière que dans un mouvement de centre à droite de la première ligne, plus l'angle que formera la nouvelle pofition fur l'ancienne, fera ouvert & au-deffus d'un angle droit, plus il faudra aller chercher vers la gauche le point qui devra être pris pour centre du mouvement dans la feconde ligne.

Moins, au contraire, l'angle que formera la nouvelle pofition fur l'ancienne fera ouvert & au-deffous d'un angle droit, moins il faudra aller chercher vers la gauche le point qui devra être pris pour centre du mouvement dans la feconde ligne.

Dans un mouvement central à gauche, le point qui devra être pris pour centre du mouvement de la feconde ligne, s'éloignera ou fe rapprochera vers la droite comme il s'eft éloigné ou rapproché vers la gauche, en raifon de l'ouverture plus ou moins grande de l'angle que formera la nouvelle pofition fur l'ancienne.

Si la direction de la nouvelle pofition de la première ligne eft connue, la nouvelle direction de la feconde le fera également, puifque la diftance entre les deux lignes eft fuppofée déterminée.

Le point qui doit être pris pour centre dans la feconde ligne fera également connu, puifque c'eft toujours celui par lequel pafferoit le prolongement de fa nouvelle direction.

Dans le mouvement central en marchant en arrière, comme la feconde ligne règle néceffairement dans cette feule exception le mouvement de la première, la première ligne obfervera en raifon de la pofition qui aura été déterminée pour la feconde, ce que la feconde obferve dans tous les autres cas, en raifon des mouvemens de la première.

A R T I C L E 14.

Mouvemens fur deux lignes par l'aile droite pour faire face à gauche, ou par l'aile gauche pour faire face à droite.

ON n'a point parlé dans ces exemples des mouvemens qui s'exécutent dans la première ligne en rompant & manœuvrant par la droite pour faire face à gauche, ni des mouvemens qui s'exécutent dans la première ligne en rompant & manœuvrant par la gauche pour faire face à droite, parce qu'alors la feconde ligne étant abfolument libre dans fes mouvemens, va tourner autour de l'aile droite fi on manœuvre par la droite; autour de l'aile gauche fi on manœuvre par la gauche, & prendre fa nouvelle pofition derrière la première ligne, en fe prolongeant parallèlement à fa direction quelque oblique qu'elle puiffe être & en déboîtant tous fes bataillons, même celui de l'aile par laquelle fe fait le mouvement dès l'inftant qu'il commence, afin de débarraffer le terrein fur lequel doivent venir paffer toutes les colonnes de première ligne, qui dans ces deux fuppofitions entrent, ainfi que la feconde, dans la nouvelle pofition en arrivant par-devant la ligne de direction, fuivant ce qui eft prefcrit au *Titre X, article 4,* fi on a rompu à droite; *article 6,* fi on a rompu à gauche.

ART. 15.

ARTICLE 15.

Mouvemens des secondes lignes lorsque les premières manœuvrent par l'aile droite pour faire face à droite, ou par l'aile gauche pour faire face à gauche en se prolongeant sur la nouvelle ligne de direction, soit que cette nouvelle ligne passe précisément par l'extrémité de la droite ou de la gauche, soit qu'elle passe plus ou moins au-delà.

TOUS les mouvemens par les ailes, dont on vient de donner les principes, soit pour les premières, soit pour les secondes lignes, n'ont point été supposés exécutés en se prolongeant par une aile ou par l'autre sur la nouvelle position; on n'a point supposé non plus la nouvelle ligne de direction, passant au-delà de l'extrémité de la droite ou de la gauche de l'ancienne position.

Ces deux différentes circonstances qui peuvent se trouver séparées ou réunies, déterminent cependant encore différentes attentions pour conduire la seconde ligne; mais seulement dans les cas où la première ligne rompt, manœuvre & se prolonge par sa droite pour faire face à droite, & dans ceux où la première ligne rompt, manœuvre & se prolonge par sa gauche pour faire face à gauche; attendu que dans les deux autres cas expliqués dans l'article précédent, on a démontré la facilité avec laquelle la seconde ligne peut tourner autour de la première en se prolongeant aussi long-temps qu'il est nécessaire & dans toute espèce de direction plus ou moins oblique.

Fff

ARTICLE 16.

Mouvement de la seconde ligne, la première rompant, manœuvrant par son aile gauche pour faire face à gauche, pour se prolonger sur la nouvelle ligne de direction, qui passe par l'extrémité de la gauche de la première & de la seconde ligne.

Si la nouvelle ligne de direction tombe à l'extrémité de l'aile gauche, la première ligne devant se prolonger sur cette direction, & par conséquent venir passer par le point qu'occupoit la gauche de la seconde ligne, la seconde ligne toute entière rompra à gauche; tous les bataillons, excepté les deux de la gauche, se déboîteront de la colonne principale diagonalement en avant; le premier bataillon de l'aile gauche, après avoir rompu à gauche, se repliant par-derrière sur lui-même en tournant à gauche, viendra chercher la nouvelle direction vis-à-vis le peloton de gauche du second bataillon, si la distance entre les deux lignes est, comme il a été supposé dans tous les mouvemens précédens, d'un bataillon & d'un intervalle de bataillon.

En arrivant à ce point, il se rabattra à droite pour se diriger parallèlement & à hauteur du flanc de la première ligne, qui, pendant qu'il se sera ainsi replié sur lui-même, sera arrivé à sa hauteur; si la première ligne n'étoit pas encore à sa hauteur, il l'attendroit: le second bataillon de la gauche entrera dans la nouvelle ligne de direction, & se mettra en marche à la suite du premier, lorsqu'il se sera alongé.

On voit sur la *Planche XV*, la ligne ponctuée derrière le bataillon de gauche de seconde ligne, qui indique la manière dont ce bataillon se replieroit sur lui-même, & s'alongeroit ensuite pour marcher à hauteur du flanc de la première.

Toutes les autres colonnes de la seconde ligne, ne se déboîteront pour se porter diagonalement vers la nouvelle ligne de direction, que lorsque le second bataillon de gauche marchera, & elles éviteront de se jeter trop à droite tant que les deux bataillons de gauche seront en marche, pour se prolonger parallèlement à la première.

A R T I C L E 17.

Mouvement de la seconde ligne, la première rompant & manœuvrant par sa droite pour faire face à droite, & pour se prolonger sur la nouvelle ligne de direction qui passe plus ou moins au-delà de la droite.

Si la première ligne rompoit, manœuvroit & devoit se prolonger par sa droite pour faire face à droite; & que la nouvelle ligne de direction tombât au-delà de la droite, alors la seconde ligne se romproit toute entière à droite, le premier bataillon de la droite ne se replieroit sur lui-même qu'en raison de la distance qu'il devroit observer de lui à la première ligne, attendu que la première ligne, en se portant sur la nouvelle ligne de direction qui se trouve en dehors du point qu'occupoit sa droite, se feroit éloignée de la seconde en raison de la distance de son flanc droit à la nouvelle position.

Il pourroit même arriver que la nouvelle ligne de direction tombât assez loin au-delà de la droite pour que le bataillon de l'aile de la seconde ligne fût obligé, après avoir rompu, de se porter en avant, (ainsi qu'a fait la première dans la supposition précédente) pour conserver la distance qu'elle doit observer si la nouvelle ligne de direction de la première passoit beaucoup au-delà de l'extrémité de la droite, ce qui se voit sur la *planche XVII.*

Pl. XVII.

Dans les mouvemens de cette efpèce, les bataillons de feconde ligne devant toujours être précédés par ceux de la première, les Officiers fupérieurs des bataillons de feconde auront attention de prendre la fuite de leur bataillon correfpondant de première ligne, mais feulement lorfqu'ils arriveront au point où les deux directions pourroient fe croifer; la néceffité de cette attention fe voit fur la Planche.

D'après cet exemple, on peut encore juger qu'il feroit poffible que la feconde ligne n'eût ni à fe replier fur elle-même, ni à fe rapprocher de la première, ce qui arriveroit dans la fuppofition où la nouvelle direction de la première ligne pafferoit au-delà de la droite, à une diftance égale à celle établie entre les deux lignes.

ARTICLE 18.

Attention des Officiers fupérieurs dans tous ces mouvemens.

TOUTES les attentions prefcrites pour la conduite de la feconde ligne, indiquent à l'Officier qui la commande, la néceffité d'être informé de la nature des mouvemens de la première, afin de régler les mouvemens de la feconde d'après la connoiffance qu'il a pu en prendre, & en s'aidant de fon coup-d'œil.

Quant aux Officiers fupérieurs, leur unique attention doit être de diriger avec adreffe les têtes de leurs colonnes, à peu-près parallèlement à celles qu'ils ont à leur droite ou à leur gauche, foit pour marcher perpendiculairement ou diagonalement en avant ou en arrière fuivant la nature du mouvement; de fe porter avec célérité de leur perfonne fur les nouvelles lignes de direction lorfque leurs colonnes en approchent, afin de pouvoir y former leur bataillon avec promptitude & fans tâtonnement; de donner aux Officiers & aux Soldats la facilité de marcher le pas de

route

route toutes les fois que cela eſt poſſible, principalement
dans les grands mouvemens en preſſant plus ou moins
ce pas s'il eſt néceſſaire, pour ne pas reſter plus en arrière
qu'ils ne doivent être, parce qu'ils ſuſpendroient la marche
de toutes les autres colonnes ; de faire obſerver cependant
les diſtances exactement aux ſubdiviſions de la colonne ; de
leur épargner le mauvais chemin en ſe dérangeant de leur
direction, mais en y rentrant auſſitôt que la poſſibilité
s'en préſentera ; enfin d'exiger des Officiers & des Soldats
la plus grande activité & la plus ſcrupuleuſe attention
à l'inſtant où il faut entrer dans la nouvelle ligne de
direction ou ſe mettre en bataille.

Si une colonne, pour quelque cauſe que ce ſoit, eſt
obligée de ſe déranger de la direction dans laquelle elle
doit marcher, le Commandant de cette colonne fera
abaiſſer ſon drapeau, ou tous les drapeaux de la colonne,
pour avertir la colonne la plus voiſine de la ſienne,
qu'elle ne doit pas ſe conformer à ſon mouvement.

Le drapeau ou les drapeaux ne ſe relèveront que lorſque
la tête de la colonne ſera rentrée à ſa diſtance & dans la
direction générale du mouvement.

TITRE XIV.

Des Feux.

ARTICLE PREMIER.

Règles générales pour les feux.

LORSQU'ON diſtribuera aux Soldats des cartouches,
on fera avec attention l'inſpection des gibernes ; & pour
cet effet le Capitaine-commandant de chaque compagnie,
chargera un Officier ou bas Officier, d'examiner les
gibernes de chaque homme à meſure qu'il examinera
le fuſil.

Le Commandant en chef donnera l'ordre pour faire charger les armes.

L'Officier supérieur commandant chaque bataillon, les fera charger, ainsi qu'il est prescrit à la charge à volonté.

Les Officiers & tous les bas Officiers qui seront dans le rang, feront *demi à droite* au premier temps de la charge, & face en tête lorsque la troupe passera l'arme à gauche.

On exercera les régimens à tirer de pied-ferme, par files, par demi-rang & par bataillon.

Dans tous les feux qui s'exécuteront devant l'ennemi, les Officiers & les bas Officiers, quoiqu'armés de fusil, ne doivent s'employer qu'à maintenir ou rétablir l'ordre dans leur troupe, & il leur est expressément défendu de tirer, hors le cas de leur défense personnelle.

Dans tous les feux, l'Officier supérieur du bataillon, en passant par la file du chef de peloton le plus près de lui, lequel s'effacera pour le laisser passer, se portera derrière son bataillon, & les Officiers qui font au premier rang se reculeront au premier commandement, à un pas en arrière du troisième rang.

Les bas Officiers qui font au troisième rang, se reculeront au premier commandement sur l'alignement des Serre-files.

Le bas Officier du troisième rang de la file droite, & celui de la file gauche de la garde du drapeau, reculeront au même commandement à un pas en arrière du troisième rang.

Les deux bas Officiers du premier & du second rang de la file droite & de la file gauche de la garde du drapeau, prendront, au commandement *armes*, la même position que le premier rang de la troupe, excepté qu'ils continueront de porter l'arme au bras droit; la garde du drapeau ne devant tirer que pour la conſervation du drapeau.

On fera ceſſer tous les feux par un roulement.

Les Officiers & les bas Officiers s'emploieront alors avec la plus grande activité à faire ceſſer le feu, chacun dans la ſection à laquelle ils feront attachés; ils veilleront avec la même attention à ce que les Soldats chargent & portent promptement leurs armes.

L'Officier ſupérieur du bataillon, tous les Officiers & les bas Officiers qui ſe feront déplacés pour l'exécution des feux, reprendront bruſquement leur poſte à la fin du roulement.

Les Soldats du troiſième rang, qui feront reſtés déboîtés auſſi long-temps que le feu aura duré, reprendront bruſquement leur chef-de-file à la fin du roulement.

L'Officier ſupérieur qui donnera le ſignal du roulement, aura attention de ne le faire ceſſer que lorſqu'il verra les armes chargées & portées.

A R T I C L E 2.

Feu par files.

LE Commandant en chef commandera:

Feu de files.

L'Officier ſupérieur de chaque bataillon, paſſera derrière le bataillon, & commandera:

I.

Feu de files.

2.

Bataillon.

3.

Armes.

4.

Commencez le feu.

Le premier commandement ne fera commandement d'exécution que pour les Officiers & bas Officiers qui doivent reculer, comme il a été expliqué ci-deffus.

Le fecond commandement ne fera qu'avertiffement.

Au troifième commandement, les trois rangs apprêteront leurs armes, chaque rang prenant la pofition prefcrite au *Titre III.*

Au quatrième commandement, le feu commencera par la file droite de chaque peloton.

Chaque file mettra en joue & tirera fucceffivement auffitôt après que la file qui fera à fa droite aura fait feu.

Ce premier feu une fois établi, les Soldats de chaque file chargeront promptement, tireront fans s'attendre & fans fe règler les uns fur les autres, ni fur les files voifines; l'effentiel de ce feu étant qu'il foit vif & bien ajufté.

Le troifième rang aura attention, en couchant en joue, de s'avancer dans fon créneau le plus qu'il pourra, afin que le bout de fon canon dépaffe davantage le premier rang.

Les Soldats du premier & du fecond rang, pour ne point empêcher de tirer ceux du troifième, & rendre l'intervalle plus libre, tireront leurs baguettes, ainfi qu'il eft prefcrit au *Titre III, article 4.*

Le troifième rang reftera deboîté jufqu'à la fin du roulement; chaque fois qu'il aura fait feu, il fe reculera pour charger, ainfi qu'il a été prefcrit au *Titre III.*

Chaque fois qu'il aura chargé, il fe reportera fur fon alignement, & toujours vis-à-vis de fon créneau.

Dans le feu de file, les Soldats de tous les rangs après avoir chargé, reviendront dans la pofition des armes apprêtées.

ART. 3.

ARTICLE 3.

Feu de demi-rang.

LE Commandant en chef commandera :

1.

Feu de demi-rang.

2.

Commencez le feu.

L'Officier supérieur de chaque bataillon répétera le premier commandement, & aussitôt qu'il aura répété le premier commandement, les Officiers & les bas Officiers se reculeront comme il est prescrit.

Aussitôt qu'il aura entendu le second commandement, il commandera :

1.

Demi-rang de droite.

2.

Armes.

3.

Joue.

4.

Feu.

ce qui sera exécuté par le demi-rang de droite.

Aussitôt que l'Officier supérieur verra quelques armes chargées & portées dans le demi-rang de droite, il commandera :

1.

Demi-rang de gauche.

& les autres commandemens.

Ce feu sera ainsi alternatif entre les deux demi-rangs de chaque bataillon.

H h h

ARTICLE 4.

Feu par bataillon.

LE Commandant en chef commandera:

I.

Feu de bataillon.

2.

Commencez le feu.

L'Officier supérieur répètera le premier commandement.

Les Officiers & bas Officiers se reculeront à ce commandement, ainsi qu'il a été prescrit ci-dessus.

Aussitôt que l'Officier supérieur de chaque bataillon impair aura entendu le second commandement, il commandera:

I.

Bataillon.

2.

Armes.

3.

Joue.

4.

Feu.

ce qui sera exécuté par le bataillon.

Aussitôt que l'Officier supérieur de chaque bataillon pair verra quelques armes portées dans le bataillon impair, il commandera:

I.

Bataillon,

& les autres commandemens.

Le feu sera alternatif entre le premier & le second bataillon de chaque régiment.

Dans les feux de demi-rang & de bataillon, les Soldats de tous les rangs après avoir chargé, porteront leurs armes.

Les hommes du troifième rang reculeront pour charger, avanceront fur leur alignement après avoir chargé, mais vis-à-vis de leur créneau, & reftant déboîtés jufqu'à la fin du roulement.

Le feu de demi-rang & le feu de bataillon, ne s'exécuteront que pour empêcher de fe rallier une Troupe ennemie qui auroit déjà plié.

ARTICLE 5.

Feu en arrière.

LE Commandant en chef commandera :

Feu en arrière.

L'Officier fupérieur de chaque bataillon répètera ce commandement, & auffitôt après en reftant à fa place, il commandera :

Demi-tour = à droite.

Au fecond commandement, tout le bataillon fera demi-tour à droite, à l'exception des Officiers & des bas Officiers.

Au commandement *demi-tour*, les Officiers qui font au premier rang, fe placeront à un pas en avant de la première file de leur peloton en lui faifant face.

Les Sergens qui font derrière eux au troifième rang, ainfi que les Serre-files pafferont légèrement par l'intervalle de chaque peloton pour aller occuper derrière le premier rang devenu le dernier, les mêmes places qu'ils occupoient derrière le bataillon, dans les feux ou en ferre-file.

Auffitôt que les Serre-files feront paffés, les chefs de peloton fe placeront vis-à-vis leur intervalle, à la place qui leur eft deftinée pour les feux.

Le bataillon exécutera alors, par le dernier rang, les mêmes feux que par le premier, & par les mêmes commandemens.

Lorsqu'on fera cesser le feu, à la fin du roulement, les Officiers commandant les pelotons, s'avanceront au dernier rang devenu le premier, & leurs Sergens se placeront derrière eux au premier rang devenu le troisième.

Si aussitôt après le roulement, on doit marcher à l'ennemi par le dernier rang, devenu dans ce cas le premier, l'Officier supérieur commandant le bataillon, qui dans le feu en arrière reste à sa place ordinaire, passera alors en avant du bataillon pour le conduire.

Pour remettre ensuite le bataillon dans son premier ordre, on commandera :

Officiers à vos postes.

Demi - tour = à droite.

A ce dernier commandement, les Officiers commandant les pelotons, sortiront du rang en se plaçant devant le premier homme de leur peloton & lui faisant face, ils laisseront passer les Serre - files, le bas Officier qui est derrière eux, & aussitôt s'avanceront au premier rang. Les Officiers commandant les bataillons, s'ils se sont portés en avant du troisième rang, repasseront de même en avant du premier.

ARTICLE 6.

Feu en avançant.

LORSQU'UNE Troupe ennemie aura plié, si la ligne attaquante doit la suivre en bataille, la ligne toute entière marchera en avant, ainsi qu'il est prescrit au *Titre de la marche en bataille.*

Si l'ennemi étoit encore à portée, & si le Commandant en chef jugeoit à propos de se servir de son feu pour empêcher

empêcher l'ennemi de se rallier, la ligne arrêteroit lorsqu'il en feroit le commandement, & exécuteroit alors les feux de bataillon ou de demi-rang.

Lorsque le Commandant en chef jugera à propos, il fera cesser le feu, & fera marcher la ligne en avant.

ARTICLE 7.
Feu en retraite.

SI une ligne doit se retirer en bataille devant l'ennemi, elle marchera sans s'arrêter, aussi long-temps qu'elle le pourra.

Mais si elle étoit pressée par l'ennemi, au point d'être obligée de suspendre sa marche pour faire usage de son feu, la totalité de la ligne arrêteroit & feroit *demi-tour à droite*, lorsque le Commandant en chef en donneroit l'ordre.

La ligne exécuteroit alors les feux qui seroient prescrits par le Commandant en chef.

Les feux cesseront au signal qu'il en donnera, & la ligne fera *demi-tour à droite*, & se remettra en marche lorsqu'il l'ordonnera.

ARTICLE 8.
Instruction du Soldat pour tirer à balle.

POUR faire acquérir au Soldat l'habitude d'ajuster, on plantera un but en terre, d'abord à cinquante toises, on s'en éloignera successivement jusqu'à la distance de cent toises, & en faisant au Soldat les commandemens prescrits au *Titre des feux*, pour apprêter les armes; on lui fera ensuite le commandement *joue*; il cherchera en tombant vivement en joue, à aligner la culasse & le bouton sur le but; on lui fera le commandement, *retirez = vos armes* & le commandement *joue* plusieurs fois, afin qu'il acquière l'habitude de tomber en joue à hauteur & dans la direction du but.

Cette École se fera homme par homme, d'abord en blanc, ensuite à balle ; lorsque le Soldat aura acquis l'usage d'ajuster avec précision on pourra réunir une file, ensuite un peloton ; on fera exécuter alors le feu de file à volonté ainsi qu'il est prescrit dans ce *Titre, article 2.*

On observera alors que l'épaulement soit assez large & assez élevé pour prévenir les accidens, & pour qu'on puisse y retrouver une partie des balles, que l'on ramassera soigneusement pour les faire refondre.

Tous les Soldats passeront tous les ans à cette École, mais on observera d'y exercer sur-tout les recrues de chaque année.

TITRE XV.

Revues d'honneur, d'inspection & des Commissaires des guerres.

ARTICLE PREMIER.

Honneurs à rendre au Saint - Sacrement.

UNE Troupe étant arrêtée & en bataille, les Soldats des trois rangs présenteront les armes au commandement de leur Chef, qui commandera ensuite *genou = en terre ;* le Soldat reculera le pied droit en arrière, posera le genou droit à terre à dix pouces du talon gauche, en même-temps, il lâchera la main droite, dont le premier doigt & le pouce saisiront la tête du chien, il laissera glisser la main gauche jusqu'à la première capucine, pour poser la crosse à terre à six pouces, & sur l'alignement du talon gauche, vis-à-vis la cuisse droite, l'arme d'aplomb.

Les Officiers & bas Officiers mettront genou en terre & poseront la crosse à terre, ainsi que la Troupe.

Le Saint-Sacrement paſſant, les Officiers, bas Officiers & Soldats porteront la main droite à leur chapeau & s'inclineront, les Tambours battront aux champs.

Le Saint-Sacrement étant paſſé, le Commandant après avoir fait ceſſer les Tambours, commandera *debout;* les Soldats ſe relèveront & reviendront dans la poſition des armes préſentées; on commandera enſuite *portez* = *vos armes,* ils porteront leurs armes.

Si le Saint-Sacrement paſſe devant un régiment ou un bataillon, ou devant une troupe ayant un drapeau, les Officiers ſupérieurs & le drapeau ſalueront de l'épée ou du drapeau, avant de mettre genou en terre.

A R T I C L E 2.

Revues d'honneur.

LES rangs reſteront ſerrés, tous les Officiers, Porte-drapeau & bas Officiers à leurs places de bataille.

Le Colonel-commandant, à cheval, ſix pas en avant de la droite de la première compagnie de Fuſiliers du premier bataillon.

Le Colonel en ſecond, à pied, ſix pas en avant du centre du premier bataillon.

Le Lieutenant-colonel, à pied, ſix pas en avant du centre du ſecond bataillon.

Le Major, à cheval, ira cinquante pas au-devant de la perſonne à qui on devra rendre des honneurs, & l'accompagnera juſqu'à la gauche du régiment où il ſaluera ſur l'alignement des Officiers ſupérieurs.

L'Adjudant ſe placera à deux pas de la droite des Grenadiers ſur le même alignement, ayant à ſa droite les Tambours du premier bataillon.

La Muſique ſera à la droite des Tambours, & le Tambour-major à deux pas ſur la droite des Muſiciens ſur le même alignement.

Les Tambours du fecond bataillon feront à fa droite.

Les Officiers, Sergens & Soldats porteront leurs armes, & les Tambours feront prêts à battre.

Toute troupe qui fera de pied-ferme aura la tête à droite, à moins que la perfonne qui devra la voir ne vienne de la gauche; auquel cas on lui fera le commandement *tête = à gauche.*

Lorfque la perfonne qu'on devra recevoir fe fera approchée, & qu'elle fe préfentera pour parcourir le front du régiment, fi elle doit être faluée, les Tambours battront, les Soldats préfenteront leurs armes, les Officiers & bas Officiers porteront l'arme au bras droit, les Officiers fupérieurs falueront de l'épée, & les Porte-drapeaux du drapeau à mefure que ladite perfonne paffera devant eux.

Si la perfonne qu'on devra recevoir veut paffer dans les rangs, elle en donnera l'ordre; chaque bataillon ouvrira fes rangs à quatre pas, en fe conformant à ce qui eft prefcrit au *Titre VI, article 1.er, des manœuvres de détail;* les Officiers gardant cependant leurs poftes de bataille, & les Officiers & bas Officiers de ferre-file reftant toujours à deux pas du dernier rang dont ils fuivront le mouvement.

A R T I C L E   3.

Manière de défiler dans les revues d'honneur.

LORSQUE le régiment devra défiler, il fe rompra à droite par divifion ou par peloton, les Officiers gardant les mêmes places qu'ils occupent dans les colonnes.

Dans ce feul cas, la compagnie de Grenadiers rompra comme les autres; le Commandant aura feulement attention de la faire marcher en avant auffitôt après avoir rompu, afin de donner la diftance ordinaire à la première divifion du bataillon.

Ordre

Ordre dans lequel les Régimens doivent défiler.

Le Major, à la tête du régiment.

A quatre pas derrière lui, le Tambour-major.

A deux pas derrière le Tambour-major, la Musique sur un rang.

A deux pas derrière la Musique, les Tambours sur un rang, de manière que le rang des Tambours précède de huit pas le Capitaine-commandant de la compagnie de Grenadiers.

Les Tambours du second bataillon se placeront de même sur un rang à huit pas en avant du Capitaine-commandant la première division de ce bataillon.

Le Colonel-commandant, à cheval, quatre pas en avant du Capitaine-commandant de la première division, ayant à sa gauche & deux pas en arrière de lui l'Adjudant.

Le Colonel en second, quatre pas en avant du Commandant de la compagnie Colonelle.

Le Lieutenant-colonel, quatre pas en avant du Commandant de la compagnie Lieutenante-colonelle.

Au commandement *en avant = marche*, répété par les Commandans de division, le régiment marchera en avant au pas ordinaire, les rangs serrés & les armes portées.

On observera que les têtes soient tournées, & les files des ailes alignées sur le côté où sera la personne devant laquelle on devra défiler.

Si la personne devant laquelle on devra défiler est placée à droite, aussitôt après que les subdivisions auront rompu & qu'elles auront été alignées à gauche par leur chef, l'Officier supérieur commandant chaque bataillon, fera le commandement *tête = à droite*, qui sera répété par les chefs de subdivision.

K k k

Si elle étoit placée à gauche, les têtes resteroient à gauche, & la compagnie de Grenadiers romproit comme il est prescrit au *Titre VIII.*

En approchant de la personne qu'on devra saluer, les Officiers supérieurs & le drapeau de chaque bataillon seulement, salueront en se conformant à ce qui est prescrit pour le salut de l'épée & celui du drapeau.

ARTICLE 4.
Revues d'Inspection & des Commissaires des guerres.

LORSQU'UN régiment devra passer une revue d'inspection, ou la revue d'un Commissaire des guerres, on ne changera rien à sa formation ordinaire; on fera les livrets dans le même ordre où les bataillons, les compagnies de Grenadiers, les compagnies de Chasseurs & les divisions doivent être rangées; les drapeaux & leur garde resteront à leur place ordinaire.

L'intention de Sa Majesté est que tout régiment, tout Officier, bas Officier, Grenadier, Chasseur, ou Soldat, lorsqu'il sera instruit, ne soit exercé que pendant six semaines au printemps & pendant un mois au plus dans l'automne. Sa Majesté ordonne aux Chefs des Corps de se conformer à cette règle.

Les Officiers, bas Officiers, Grenadiers, Chasseurs ou Soldats qui ne seront pas instruits en seront exceptés.

Si l'instruction d'un régiment avoit été négligée, le régiment seroit exercé plus long-temps, & il en seroit rendu compte à l'Officier général commandant la division qui en informeroit le Secrétaire d'État ayant le département de la guerre.

Pendant le furplus de l'année, on promènera les régimens hors des garnifons-avec armes ou fans armes, en fe conformant à ce qui eft prefcrit par le règlement d'adminiftration.

MANDE & ordonne Sa Majefté aux Gouverneurs & Commandans en chef en fes provinces, aux Commandans & Gouverneurs dans fes villes & places, aux Officiers généraux ayant commandement fur fes Troupes, aux Commiffaires des guerres & à tous autres fes Officiers qu'il appartiendra, de tenir la main à l'exécution de la préfente.

FAIT à Verfailles le premier juin mil fept cent foixante-feize. *Signé* LOUIS. *Et plus bas,* SAINT-GERMAIN.